COLLECTION FOLIO

Belinda Cannone

Petit éloge du désir

Gallimard

Belinda Cannone est romancière et essayiste. Elle a publié notamment *L'écriture du désir* (prix de l'essai de l'Académie française 2001), *Le sentiment d'imposture* (Grand Prix de l'essai de la Société des gens de lettres 2005), *La tentation de Pénélope* (Stock, 2010), *Le baiser peut-être* (Alma, 2011), *Le goût du baiser* (Le Mercure de France, 2013).

Elle enseigne la littérature comparée à l'université de Caen.

Découvrez, lisez ou relisez les livres de Belinda Cannone :

L'ÉCRITURE DU DÉSIR (Folio essais n° 566)

LE SENTIMENT D'IMPOSTURE (Folio essais n° 515)

Toute philosophie est incomplète, dont la morale ne contient pas une « ÉROTIQUE ».

ROBERT DESNOS

1

Nous deux. Comme des bêtes à antennes qui s'approchent l'une de l'autre, hument, palpent, tournent, antennes contre antennes, se dégagent, s'approchent encore, reculent. Déjà fini ? On n'a rien vu rien compris du délicieux abîme où nous entraîne la rencontre. Recommencer. Et les bêtes se frôlent, s'écartent puis reviennent, s'envisagent, murmurent et fourmillent de fastueuses pensées, aussi floues que détailleuses.

2

Élection. Dans la ville généreuse où croisent mille hommes désirables, tu as choisi celui-ci, tu ne saurais dire avec précision pourquoi mais juste est ton désir : ajusté à l'élu. Tu l'espérais bien qu'il soit l'inespéré. Avant la rencontre il n'avait pas de contours, et à présent, vois comme ton désir épouse parfaitement son épaule, ses mains, son sourire, vois comme il te convient (tu as de ces mots !).

3

Laisser monter le désir en soi, lancer ses fins tentacules vers lui, les reprendre — poulpe timoré — hésiter (mais n'es-tu pas déjà attrapée ?), puis se laisser envelopper par les siens. Parce qu'une fois que tu y consentiras… ce sera la battue dans les taillis du rêve.

4

Qu'est-ce qui, en toi, a vu si clair en lui ? Comment savais-tu que tu aimerais son corps, sa voix, sa manière ? L'as-tu choisi dans une sorte de prescience, ou bien au contraire ton désir de lui s'est-il façonné à son contact, apprenant à s'accorder à ses particularités, à en jouir ? Mais c'est toujours ainsi avec le réel, tu ne sais pas si l'univers te contente si bien parce que vous êtes faits de la même étoffe, inventés au même creuset, ou si ton désir de vivre procède de ce lent et délicieux appareillement de ton être et du monde — de ton être et de cet homme.

5

« Une foudre délicate tressaille en moi », dit Beloizo.

Et tu entends aussitôt un puissant vent de tempête.

6

Avec ses mots et son regard, il te tisse un manteau de reine dont tu sauras te dévêtir pour lui offrir ta nuque.

7

Vous échangez de nombreux mots de promesse. Pur délice.

Enfin la pente du temps raidit.

Le battement intérieur s'accélère.

Le silence grandit.

Tout se met plus souvent en apnée. Pressentiment des mots de chair.

Puis la source du verbe tarit, ton être ramassé et tendu vers la rencontre, vers le concret des peaux et des lèvres — comme une apnée, oui. Tu t'attendris et tu ris, les émotions à vif. Aussi : ça chantonne en toi.

8

Tu as préparé ton corps. Tu aimes faire cela, ces soins destinés à l'amant, comme dans l'anticipation de son amoureuse attention : tu frottes ta peau au gant de crin pour l'adoucir et tu l'oins, tu l'épiles, tu laves tes cheveux… Tu ne pourrais pas assurer qu'il percevra ton corps avec une telle minutie (et d'ailleurs tu rêves plutôt de sa sauvagerie), mais la préparation t'enchante car soudain la chair entre en majesté et devient glorieuse.

9

Faire l'amour : accéder à la vie haute (de cette hauteur qui s'entend dans *haute tension*), lancer un cri joyeux contre la mort. Par ce mystère absolu et définitif de l'élection, par la perception de l'abondance en soi des dons possibles, par l'accueil d'un autre et de ses caresses, de sa singularité, de son altérité, on engage tout son corps-esprit.

10

Tu es intimement convaincue que nous sommes des corps-esprits, que toute chair est spirituelle, que tout esprit s'incarne. Que de ce bel entremêlement naît l'étreinte, rencontre provisoire de deux corps-esprits dans laquelle il entre de l'amour — si l'on veut bien nommer ainsi l'élan qui nous lie à l'autre désiré.

Tu n'as pas de définition de l'amour. Comme la plupart de tes contemporains, tu trouves même que c'est une affaire très compliquée. Et d'abord parce que tu sais mal distinguer le désir du sentiment amoureux, qui sont tous deux rencontre dans l'élan. Comment les dissocier ? Quel trébuchet indiquera la part du sentiment et celle de la sensualité ? Bien sûr, hommes et femmes peuvent faire l'amour sans amour — nous avons conquis cette liberté. Mais ce n'est pas la version la plus puissante de l'étreinte. Toi, tu veux parler d'embrasement.

Tu crois que le grand désir est toujours amoureux.

11

Tu jouis avec le cœur, rarement sans — moins.

12

Assomption de l'altérité. Tu attaches deux significations au mot *désir* : d'une part il désigne l'appétit qui gît en soi, nous disposant à la rencontre intime d'un autre corps, mouvement vital, premier — énergie pure. D'autre part il représente le mouvement qui fait distinguer et élire, et qui partant de soi se dirige vers un autre choisi pour lui-même, pour ce qu'il est d'autre, différent de soi et de quiconque, et désiré, c'est-à-dire aimé pour son altérité même. Et ce désir serait-il fugace, il n'en est pas moins distinction et élection — tu trouves une très humaine et noble beauté à cette élévation d'autrui.

13

Enfin vous vous approchez. Grands bouleversements dans le corps-esprit. « Tu me plais, c'est un événement. » Un doigt sur le bras, une main sur l'épaule encore vêtue, des frôlements... comment s'unir à ce corps, quelle place y trouver ? ce torse t'accueillera-t-il ? sera-t-il assez vaste ? et ces lèvres, perdues entre nez et menton, comment les embrasser ? Impression qu'il faut apprendre une géographie pour se « localiser » dans le nouveau corps.

Car il s'est agrandi à la taille d'un univers miniature, plein de promesses, d'endroits secrets, lieu de pratiques multiples et toutes enchantées — jamais assez de temps et de force pour l'explorer suffisamment, il te donne un pressentiment de l'infini. Vous vous quitterez repus et pourtant pleins d'un désir intact. Vous venez à peine de commencer à vous étreindre.

14

Vous aviez d'abord pris rendez-vous pour essayer vos lèvres (euphémisme : comme si vous alliez en rester là !), et voici que déjà t'enchante la révélation du baiser dont le naturel préfigure celui de l'étreinte — par son aisance s'annonce celle de la danse des corps. « Connaissance par les lèvres », écrit Proust. Vos bouches s'approchent, timides et audacieuses, et comme dans les miroirs convexes des peintures hollandaises, le monde devient microcosme qui n'appartient qu'à vous, séparé et miraculeux, où les langues se caressent et pénètrent, où les lèvres sont si nues que sans le faire vous êtes déjà en train de faire l'amour.

15

Dans le grand désir, son corps, immense et minuscule, paraît trop riche pour que tu en goûtes toutes les merveilles en une fois, et tu te crois capable d'inventer des caresses nouvelles.

16

« La sauvagerie sera notre ordinaire. Et quand nous voudrons de la douceur, nous la demanderons.

— Une foudre délicate tressaille en moi, répète Beloizo.

— Mais viens me prendre sans manières, enfouis-toi en moi, fais-moi jouir en cascade que je sois rassasiée et avide, comblée et assoiffée encore, car mon envie de toi est inépuisable. »

17

Être rassasiée d'amour, avec le sentiment pourtant d'avoir à peine commencé à caresser son corps — repue et avide, car le désir est à la fois plénitude et infinie relance (infini de ce jour, il l'est provisoirement : poche d'infini dans le provisoire).

Le désir n'est pas manque. S'il l'était, alors la marche — moment où les deux pieds, l'un en l'air, l'autre à peine posé sur le sol, menacent notre équilibre — la marche serait chute. Mais non, légers nous avançons. Le désir est danse et contentement renouvelé. Ne dis-tu pas que tu es pleine de cet homme ? Accrue.

18

Suspens. Cet acte si éphémère ouvre cependant une échappée — hors de soi, hors du monde, hors de la durée conventionnelle et du temps divisé. Heureuse tranquillité dans l'hors-temps — l'or du temps. Défi à la mort.

19

D'où tu écris à présent, tu te sens face à la mort. Non comme une échéance proche mais comme l'aune à laquelle juger toute chose. Tu penses : allongée sur mon dernier lit, de quoi me souviendrai-je ? Quels moments subsisteront ? Tu sais que tu te rappelleras les étreintes, pas toutes et pas distinctement (tu les oublies au fur et à mesure), mais tu croiras n'avoir pas démérité de l'aventure humaine pour l'avoir parfois vécue dans sa brûlure.

20

Tu fais glisser ta main sur sa poitrine d'homme, légers renflements des seins, beauté du ventre, sécheresse des cuisses, tout à l'heure tu empoigneras ses fesses rondes — tu es submergée par la beauté de ce corps. Est-il si beau ? Il te convient, il exalte parfaitement ton désir — ou ton désir l'exalte. Ton regard le fait roi. Tu saisis l'appareil photo pour essayer de fixer ce que tes mots sont incapables de décrire. Tu isoles un sein, l'épaule et le bas du menton, le sexe posé sur le ventre — serrement de cœur devant la splendeur du corps désiré.

21

Tu restes souvent en contemplation devant son sexe érigé, forme parfaite de ton désir. Au début, un jour où, dans une nouvelle et amoureuse récapitulation tu imaginais son corps en détail, tu t'étais demandé pourquoi tu ne parvenais pas à te rappeler précisément son ventre. Plus tard, dans son lit et dans un rire, tu avais soudain compris : chaque fois captivés en chemin par sa belle queue, tes yeux n'avaient jamais le loisir de s'attarder au ventre.

22

Tu parles ici comme femme, et mûre. Tu ne sais pas comment sentiront et se comporteront les femmes à venir, quand l'égalité aura plus sûrement progressé, quand les vieilles lunes de nos représentations des genres dans l'amour et le désir se seront transformées. Tu ne sais pas comment sentent les toutes jeunes filles, mais tu es persuadée que le désir est à jamais notre grande affaire, désir de vivre, désir d'aimer, désir d'étreindre — car il est la vie haute.

Tu aimes cette citation de Bachelard, « L'homme est une création du désir, non pas une création du besoin », qui rencontre ta conviction que la vie érotique n'est pas bornée par la *chair*, la *libido* ou les *hormones*. Tu ne la crois soumise qu'au néocortex, c'est-à-dire au principe même de notre liberté et de notre inventivité.

23

Tu n'as jamais su distinguer le désir sensuel du désir de vivre. Tu crois que désirer de vivre est désirer d'étreindre, parce que l'étreinte est joie et rencontre avec l'autre. Rimbaud évoque « la réalité rugueuse à étreindre ». Tu aimes cette image mais tu ajoutes rugueuse *et douce*, et cette étreinte nécessaire te plaît qui te fait, dit encore le poète, mage ou ange. Non pas « paysanne » mais jardinière.

24

Oui, ton recueillement devant son corps est celui de la jardinière : lorsqu'elle retrouve son jardin, elle peut passer des heures à le regarder en détail, chaque plante, chaque arbuste, chaque modification du terrain, de tout elle se gorge les yeux, et au profane impossible d'expliquer ce que si ardemment elle observe. Ainsi penses-tu l'homme désiré.

25

Partout dans le monde croisent des hommes qui aiment faire l'amour. Et le font. Nombreux ceux à le faire très bien — tu le crois. Avec autant de science que de liberté ou d'imagination. Chaque homme son style. Dans le monde, les êtres humains, tous dotés de cette grâce : pouvoir faire l'amour entre eux, se plaire, s'écouter, se donner du plaisir. Il suffit d'arrêter la course, d'entrer dans une chambre, de tendre la main — merveille dont tu ne cesses de t'étonner.

26

Lorsque vous faites l'amour, tu sens Beloizo tendre l'oreille. Tu ne saurais dire à quoi tu entends qu'il t'écoute, de quelle manière et quand — mais tu le sens, et tu as l'impression que chacun de ses gestes résulte de cette fine attention à tes souhaits et plaisirs.

27

Tu aimes les hommes, d'amour, d'enthousiasme. Et tu es féministe depuis l'adolescence. Tu n'as d'ailleurs jamais négocié ton désir de liberté et d'égalité et tu as construit une vie d'indépendance. Mais tu aimes les hommes. Ce sont tes partenaires et tes complices. Tu es féministe pour vivre heureuse avec eux, parce qu'il a fallu, il faut encore les inciter à renoncer à certains privilèges, mais tu aimes aussi rappeler à tes sœurs qu'elles doivent prendre leurs responsabilités, se défier de la rancœur et ne plus craindre la liberté.

Si tu avais moindre désir d'eux, il est probable que tu serais moins féministe : tu existerais, penserais dans ton coin, tranquille et chacun pour soi. Mais non, tu les aimes, et donc tu les recherches, tu veux vivre et partager avec eux, mais sans rien abdiquer de tes exigences d'être humain.

28

Tu perçois souvent une déplorable haine des hommes : les plaintives, les nouvelles amazones de la guerre des sexes, les grincheuses exsudent leur hargne... Vieux puritanisme ou nouveau féminisme dévoyé ?

Car c'est entendu : les machos et misogynes de tout poil ne t'intéressent pas, pas du tout, tu les exclus de ton cercle car tu ne vois en eux que bêtise et manque d'assurance. Tu ne t'intéresses qu'aux hommes intelligents et (donc) féministes.

De ceux-là, hors du lit, sommes-nous si différentes ? Tu prétends que la perception que nous avons de notre genre, masculin comme féminin, est « suspendue » dans de très nombreuses situations de la vie ordinaire (quand on pense, jardine, enseigne, soigne...), que c'est alors une question qui ne se pose pas, et qu'hormis dans la sexualité et la grossesse, il n'est pas si sûr qu'on trouve tant d'irréductibles différences entre nous.

Mais au lit...

Donc tu déclares haut et fort ton amour des hommes. Et que tu les désires, ardemment. Car nous sommes faits pour nous entendre et nous caresser.

29

Dans le désir tu sors de toi. Tu te mets soudain à équidistance de ta personne et de l'autre. Tu fonds, et ainsi lui signifies Regarde dans quel état d'attente tu me mets. Tu jouis, et ainsi lui murmures Écoute dans quel rêve, quel plaisir tu me conduis.

Le plaisir est dilution de soi dans la sensation : alors tu es au-dessus de toi-même, en un lieu où tu rencontres l'homme. Le plaisir qu'engendre le désir — ce que vous fabriquez *à deux*.

30

Mystère de la caresse qui révèle une haute vérité du désir : si tu passes délicatement ta main sur ton épaule, tu ne ressens qu'un plaisir fugitif — à peine ta sensation mérite-t-elle ce nom. Mais s'il caresse ton bras, ta peau frissonne sous ses doigts et tu t'émeus. La caresse n'en est une que donnée par l'autre, signifiant mille choses que tu ne sais démêler — intention douce, offrande, attention, désir — mais qui provoquent une émotion sans pareille. La caresse célèbre l'altérité.

31

Sauras-tu l'exprimer ? Quand sa main glisse sur ton sein, au-delà du plaisir, ou avant, cette émotion du consentement : il y a, à cet instant, dans le monde, quelqu'un à qui tu abandonnes les parties secrètes de ton corps, à qui tu permets cette caresse intime. Tu en es *touchée*. Dans un éclair tu te demandes même si la pudeur n'a pas été inventée seulement pour avoir un secret à offrir.

32

Autre sorte de toucher : tu te rappelles cette fois de la première fois, vous vous êtes retrouvés au milieu d'amis, et tu savais toujours où il se trouvait dans la pièce, même derrière toi, car sa présence provoquait une sorte de brûlure qui irradiait de lui vers toi, atteignant ta nuque et ton dos.

33

Beloizo sait que la jouissance de l'homme borne celle de la femme. Il te murmure parfois : « Est-ce que je peux jouir ? » Cela te fait presque sourire et ton cœur se serre d'émotion. Tu sais que la capacité de rétention de l'homme est la condition nécessaire pour que ta jouissance déploie ses fastueux possibles. Elle demande de lui une maîtrise presque parfaite. Jusqu'à quel point possible ?

34

Tu te dis depuis longtemps que l'improvisation régissant presque toute notre vie amoureuse n'est pas si féconde. Car nous improvisons dans l'amour, comme s'il n'y avait rien à apprendre, à maîtriser, comme si tout y était science infuse — vision trop romantique d'un acte qui, au lieu d'être un art, serait exclusivement soumis à l'intuition et au moment. Contrairement aux autres arts dans lesquels on considère qu'apprentissage et exercices sont nécessaires pour permettre l'inventivité, ici on bricole constamment, au motif rétrograde que le sentiment y pourvoira. Cette situation fait de la plupart d'entre nous, bien souvent, des peintres du dimanche.

Le pianiste occasionnel est-il forcément plus inspiré, plus émouvant que le musicien accompli ? Au contraire, c'est une fois son art maîtrisé qu'il peut oublier la technique et improviser, inventer, donner libre cours à ses sentiments. Nous pourrions être bien plus savants, sans doute, dans l'acte d'amour, et d'autres civilisations le savent — l'indienne surtout —, qui raffinent gestes et perceptions. Non qu'il faille tomber dans la technicité : tu crois à l'écoute et à la magie, mais tu pressens qu'il existe des possibilités d'approfondir nos sensations, d'être mieux conscients de nos gestes, qui feraient de nous de plus parfaits amants.

35

Ton idée de science de l'amour entre-t-elle en contradiction avec ce souhait — que vous soyez l'un pour l'autre le premier venu ? Car tu voudrais qu'un tel baiser fût le premier donné, que cette caresse vienne d'être inventée, tu es presque chagrinée qu'un autre ait eu droit avant lui à tes gestes d'amour — et vice versa. Dans le grand désir, la découverte de l'autre (ses mots, son corps, les sensations qu'il éveille en soi) provoque une si délicieuse surprise, un tel étonnement exquis, qu'on croit confusément n'avoir jamais senti cela, à ce point, ainsi, et, bien que réjoui par la science acquise par l'autre au fil des ans, on s'imagine et se souhaite premiers venus.

D'ailleurs, on est bien, chaque fois, premier venu : le grand désir assure à son objet, pour un temps, prééminence et primauté. Nous nous y faisons roi et reine.

36

Jouer avec le désir de l'autre, le faire douter s'il est partagé avec même intensité — mauvais calcul. Cette sorte de manque ne vaut rien au désir. Il le rabaisse, le ramène vers l'émotion très ordinaire de l'inquiétude, le transforme jusqu'à changer sa nature : au lieu d'un grand rire lancé contre la mort, cette plainte chétive — m'aimes-tu ? me désires-tu ? Au lieu de la splendide exaltation du corps-esprit, les petites misères de la détresse affective.

Il faut tout donner, sans réserve et continûment, dans le désir. Ne pas compter, ne pas s'économiser, ne pas frustrer, même légèrement. Car sitôt ouverte cette porte à la psychologie, les vieux démons réapparaissent, et l'enfance, jamais lointaine, revient tarauder. Alors adieu les fastes métaphysiques du désir, adieu la joie majuscule. Voici que surgit l'enfant tremblant de n'être pas assez aimé, redoutant la négligence ou l'abandon.

Ne jamais craindre la profusion, la générosité

des mots et des gestes, l'abondance des déclarations — dire et offrir sans frein. Abonder.

37

« Tu viens prendre, dit Beloizo, ce qui est parfois sauvage en moi, puis tu me le tends dans ta paume en murmurant : "Regarde-toi, je te désire." »

38

Il te désire. Alors tu retrouves cet état bienheureux de l'enfance, quand tu croyais sans avoir besoin de te le dire que tu étais l'enfant la plus merveilleuse du monde, car c'est ainsi que te regardaient tes parents. Tu ne le pensais pas avec des mots, à peine en avais-tu conscience tant cela allait de soi. Prise dans le regard désirant de l'homme, pareillement, tu n'interroges jamais ta beauté ou ta séduction, tu ne les mets pas en doute : tu es la plus belle femme du monde pour cet homme, et pour le temps de votre désir.

39

Dans l'enchantement du désir la vie se parfume. Tu passes dans la ville, tranquille, tu traverses squares et rues, sourire aux lèvres et sac à l'épaule, et nul ne sait que tu es enveloppée d'un halo de parfum, celui que l'homme désiré diffuse autour de toi, pour toi, en toi, car il est le parfum de tes jours.

40

« Haute bassesse de l'amour », écrit Marina Tsvetaeva. Tu pourrais longuement commenter cette expression. Elle conjugue grandeur et fragilité, muqueuses et langue humide, tout ce qu'on donne et comme on s'abandonne, écoute et avidité, élégance et sucs, gestes de l'exaltation et de la pornographie, danse et luxure, mots d'amour et mots obscènes, beauté et crudité... Haute bassesse du désir.

41

Tu aimes, chez Beloizo, qu'il veuille comme toi interpréter toute la gamme de l'érotisme et, glissant ou syncopant, que vous passiez au gré des instants de la crudité la plus crue à la douceur, l'obscénité, l'humour, la violence et jusqu'aux minuties de la tendresse. Sur vos longs claviers amoureux (mots, gestes et postures), vous exploitez sans relâche toutes les octaves imaginables, et jusqu'aux accords les plus dissonants.

42

Vous faire poètes de l'étreinte.

43

Obscure clarté. Dans les organes du plaisir et les gestes de l'amour, cette étonnante ambivalence : ils sont soit horrifiques (quand ils ne sont pas désirés), soit merveilleux (quand ils le sont). Seul ton regard les qualifie.

44

Agenouillée sur le lit, tu contemples son bel argument, légèrement arqué, dressé vers son nombril. À cette vue se lève en toi, irrépressible, l'envie d'y porter la bouche, et tu te penches vers le gland soyeux, tes lèvres frôlent la peau tendue, tu l'embouches et le lâches, tu le lèches, ici et là, autour, partout, puis plus méthodiquement tu enlèvres la verge et l'avales, souffle coupé. Allées et venues. Tu ne sais pas comment tu sais, d'un très intime et sûr savoir, ce qui fait plaisir à l'homme nu, ni pourquoi l'emboucher te rend source vive, sucs inondant ta vulve.

45

Beloizo dit : « J'aime que dans toute bouche il y ait un palais. »

46

La première chose que tu as écrite, quand tu as commencé ton premier roman, c'est une scène de fellation. Pages inaugurales que tu as placées au milieu du livre. Tu voulais écrire un roman sur la sortie de soi, sur ce mode d'être à équidistance de soi-même et du monde qui te paraît la seule manière d'être vraiment au monde. C'était aussi le récit d'un suicide, celui de Stefan Zweig, et d'une narratrice qui sentait, bien qu'elle ne fût pourtant pas concernée directement par la Seconde Guerre mondiale, qu'elle portait en elle cette histoire, comme un événement à assimiler avant même de commencer à penser le présent. Le roman de la sortie de soi commençait donc par l'évocation de ce moment de l'amour où, quoique dépourvue de l'organe qui permettrait de comprendre par expérience propre, on sait pourtant, tant on est relié à l'autre, aussi près de lui que de soi-même, on sait comment emboucher le bel organe pour lui donner du plaisir. Sentir à la place de l'autre, comme l'autre — cette expérience capitale ne se résume pas à l'empathie dans la douleur : on peut aussi entendre son chant d'allégresse, percevoir ses mouvements dansants — l'empathie anime aussi la joie.

47

Vous roulez en voiture et soudain devant vous passent, obscurcissant le ciel, des milliers d'étourneaux. Beloizo dit que ces grandes nuées s'appellent des *murmures*. Tu en as vu souvent et connais le son qu'ils produisent : long froissement de soie. La chose et son nom évoquent pour vous le désir, ample soulèvement de l'être, délicate vibration et chant.

48

Alors que tu n'en écoutes presque jamais, soudain tu deviens étrangement sensible aux chansons sentimentales, comme si elles attisaient en toi une capacité de t'émouvoir qui prend sa source au lieu exact du sentiment amoureux. Cette curieuse conjonction explique la longue domination d'une forme musicale vouée aux émotions simples : *dis-lui de revenir* ; *je ne sais pas si cet amour aura un lendemain* ; *j'ai envie de faire l'amour lentement et en plein jour*… Les chansons parlent pour et avec nous d'amour. Dans un « Éloge de la mauvaise musique », Proust note avec justesse : « Détestez la mauvaise musique, ne la méprisez pas. […] Sa place, nulle dans l'histoire de l'Art, est immense dans l'histoire sentimentale des sociétés. »

49

Tu voudrais écouter avec lui la musique qui t'émeut, ou au moins qu'il l'écoute comme toi, si loin qu'il se trouve, que vous soyez reliés par cette émotion sentimentale. (Beloizo dit : « Tu entends ? Le senti(r)mental — sentir-mental : corps-esprit. ») Tu ne sais pas pourquoi tu souhaites si ardemment cette conjonction musicale. Mystère du désir de partage de la beauté : « Regarde ! », « Écoute ! ». Toujours les humains éprouvent le besoin spirituel de jouir ensemble, de communier dans la perception de la splendeur du monde.

50

Dans la voix de certains chanteurs lyriques comme Jonas Kaufmann, ce pleur qui te touche tant qu'absurdement tu murmures : « Tu n'as pas le droit, pas le droit de venir me chercher ici, ainsi. » Perfection d'un chant qui allie une voix très masculine à la fragilité d'un sanglot. Voix de ton désir.

51

Tu raffoles de la musique de chambre, cela va sans dire.

52

Beloizo t'invite à te mettre sur le ventre, mord et baise ta nuque, te fait voluptueusement l'amour puis soudain te demande de te retourner, et tu comprends qu'il souhaite que vos bras s'enlacent, que votre désir se dise, aussi, par cette étreinte très douce de l'embrassement réciproque.

53

Ainsi as-tu abandonné les oripeaux de l'ego. Ta vie tout entière à présent est aimantée par un autre. *Aimantée,* mot merveilleux : aimant, hantée, amant... Le désir est ce qui nous *relie à autrui sans recours*.

54

Dans le grand désir tu n'es plus jamais seule. L'homme est là, qui flotte, rôde, s'immisce, tu es coupe pleine — pas un creux qu'il ne comble, un recoin qu'il n'éclaire, tu es pleine de lui. Or, comme la vague qui lorsqu'elle emplit sans reste l'anfractuosité en souligne chaque dentelure, le désir t'apporte le vif sentiment d'être toi-même, et pleinement vivante. Ainsi cet envahissement, qui pourrait correspondre au sentiment d'une dilution de ton identité, au contraire l'exalte. Quand le désir sera passé, tu te sentiras moins rassemblée.

55

Extase, dans le latin ecclésiastique, signifie « être hors de soi ». Emprunt au grec, *ekstasis* : « déplacement, égarement de l'esprit, ravissement ».

Pourquoi ne se sent-on jamais aussi intègre que tendu vers l'autre et abîmé dans le désir ? Paradoxe d'un don qui est une prise. Et pourquoi nous plaît-il tant de sortir de nous-mêmes ? Non par haine de soi : soi n'est pas haïssable, seulement insuffisant, simple point de départ d'où s'élancer. Par la sortie de soi l'on profite d'un accroissement considérable du champ de perception — une élation. Ainsi nous sentons-nous plus vastes, usant mieux et plus largement de nos facultés, et donc plus entiers et accomplis.

56

Est-ce que tu mélanges tout ? Bien sûr. Tu veux dire que tu ne connais rien qui soit capable, comme l'amour et le grand désir (l'amoureux), de provoquer un *déplacement* de l'être. Soit pour le transformer (je peux changer pour toi, par toi), soit pour lui faire connaître d'autres états intérieurs (avant toi, je ne sentais pas ainsi). Ce fut la formidable et belle intuition du christianisme qu'on change par amour.

57

Tu lui écris « Je te pense », formule sans légitimité grammaticale, mais « Je pense à toi » marque trop de distance ; or tu es si pleine de lui (lui : parfum en toi, musique secrète, teinte de l'air) qu'il te faut une expression capable de restituer le fait qu'il est lové en toi. D'où le raccourci. Aussi : il te semble y entendre une appropriation (je te prends en moi), et une suggestion érotique (comme je me délecte de toi, même en ton absence...).

58

Malicieux, il te répond : « Je te bande. »

59

Il te dit que la nuit, parfois, quand tu n'es pas là, il se réveille en bandant. D'abord étonné, il réalise ensuite que la conscience nocturne, confuse mais certaine de ton existence, parfumait son rêve. Il te dit qu'il bande un peu n'importe quand en pensant à toi. Tu en éprouves de la gratitude.

60

Lorsque tes yeux flous semblent se perdre vers un lointain personnel, ils sont tournés vers l'intérieur, c'est-à-dire vers lui — obstinément.

61

Tu croyais avoir dormi d'une traite mais non, puisque tu te souviens soudain que tu lui parlais en poème cette nuit. Tu lui disais des choses simples mais belles, persuadée que tu te les rappellerais toutes ce matin. Aucune, bien sûr, rien que le souvenir d'une beauté émerveillante.

62

Écrivant ces mots, comme quand tu les lui chuchotes, émotion brûlante en toi. Le désir vient toujours accompagné d'un charroi de formules et de vocables. Même si, quand tu aimerais ensuite en donner description, il résiste à l'expression, sa survenue se pare de murmures incessants, s'en enrichit, s'en précise, s'en exalte. Les mots du désir sont le désir et le font.

63

Trouvée dans un manuel de 1930 à l'usage des couples, *Le mariage parfait*, où l'on accorde toute sa place (enfin) à la sexualité, cette remarque adorable : « L'instrument le plus important du prélude des rapports sexuels est la conversation, son thème préféré — l'amour. » Et après l'étreinte ? Louise Labé : « Le plus grand plaisir qui soit après amour, c'est d'en parler », dit Apollon dans le *Débat de Folie et d'Amour*.

64

Mais, de même que la langue ne sait restituer l'effluve d'un parfum, dans la jouissance le cri, le pleur, la mélodie et le râle se substituent aux mots, car de ceux-là tant seraient nécessaires, si nombreux et proférés en un si bref instant, pour dire tout ce qu'on sent, en soi et vers l'autre, que la gorge leur préfère ce chant brisé où ils se concentrent et se bousculent, inarticulés.

65

Tu aimes lui envoyer cent messages chaque jour. Et partout la magie opère, le hasard objectif est à l'œuvre — la rue t'apporte ce que ton désir convoque. Tandis que tu lui écris « *feu* », tu vois l'image d'un volcan sur un abribus — clic, photo et envoi. Tandis que ta frénésie de contact (tu veux constamment que vous soyez reliés, sinon l'air te manque) t'oblige à lui dire ton émoi permanent, tes yeux rencontrent « *fièvre et frissons* » sur la vitrine d'une pharmacie. Tu marches vers un rendez-vous, et le trottoir te propose, écrit au pochoir, « *Osez le clitoris* » — photo que tu assortis d'un commentaire (« *un conseil dont Beloizo n'a guère besoin* ») et lui envoies. En chacun de ses recoins, la ville t'offre des mots et des images comme si, dans sa grande connivence, elle participait à ton sentiment. Le réel est une corne d'abondance mais, souvent hors de l'état de vigilance que crée le désir, nous ne le voyons pas.

66

Mot manquant. Lorsque tu l'attends, tu te réjouis par avance. Tu pourrais dire que ton cœur bondit de joie, comme le chevreuil que tu aperçois parfois, traversant le champ pour rejoindre le couvert de la haie, car alors tu as besoin de mots et d'images assez beaux pour ton désir. L'allemand possède un vocable qui conviendrait bien à ton attente joyeuse : *Vorfreude*. L'avant-joie, qui est déjà la joie, qui prélude à l'accomplissement.

67

Parfois tu penses aux baisers de sa langue douce. Tu prononces en silence les mots comme une gourmandise, *langue douce*. Tu ne sais s'ils correspondent à une réalité physiologique ou s'ils désignent un effet. Langue douce. Humide. Penser à sa langue douce et humide crée immédiatement une commotion en toi.

68

Même trouble quand il t'écrit : « Je t'embrasse lentement. »

69

On croit qu'on a tout entendu, tout dit. Pourtant certains mots recèlent d'érotiques échappées d'une puissance incompréhensible pour un lecteur indifférent. Ainsi de langue douce et de baiser lent.

70

Tu ne prononces jamais hors de l'étreinte les mots crus de l'étreinte et ne souhaites pas les entendre. Car tu tiens à ce que la parole, d'être toujours très décemment habillée, paraisse, lorsqu'elle se dévêt, vraiment nue. Pas de naturisme verbal. Que la nuit-nudité-parole soit ardente et crue.

Parfois tu crois qu'on a inventé la pudeur pour que la nudité fût brûlure.

71

Parce que la joie nous ouvre alors mieux et d'autre manière au monde, nous nous mettons à l'habiter poétiquement. Si nous avons plus souvent les yeux tournés vers l'intérieur (le grand désir rend pensif), ils se posent aussi avec une nouvelle acuité sur les jolis détails et se projettent plus loin vers l'espace et les paysages, parcourant sans cesse l'ample spectre du visible et de l'admirable. La poésie devient notre mode de perception, nous sommes sensibles comme jamais à la splendeur et aux beautés simples. Le désir exalte la poésie du monde.

72

Enfin seuls dans la chambre pour la première fois, il t'a regardée en murmurant, émerveillé : « Aux autres tu ne souris jamais ainsi ! » Nouveau mystère — d'où venu ce sourire éperdu que tu ne te sais pas avoir et qui lui parle sans mots de ton désir et de ta joie ?

73

Dans l'étreinte Beloizo te glisse : « Dis-moi quelque chose. » Que souhaite-t-il entendre ? Peut-être un mot d'amour. Peut-être ces mots crus ou de poésie que le désir nous arrache — chant de l'étreinte.

74

Tu aimes son imagination et qu'à certaines évocations il s'enflamme comme l'étoupe. Tu sais que dans l'étreinte tu peux précipiter sa jouissance en parlant. Tête romanesque.

75

Mot manquant. Tu es souvent désappointée en constatant que dans la langue un mot fait défaut, qui dirait l'envie de... cette envie que tu ne sais exprimer autrement que par « être prise », envie d'ouvrir ton corps à la pénétration, à la verge, d'être envahie par l'homme, remplie, envie de l'accueillir en toi, très profondément, très intimement, pour te sentir submergée sans reste... donner tout, abdiquer tout, sans te sentir un instant diminuée — au contraire, tu te crois reine comme jamais. Ton royaume : celui que votre étreinte crée, lové au creux du monde et séparé.

76

Tu as déjà écrit, ailleurs, un éloge de la pénétration. Tu la considères comme une des deux manifestations irréductibles de la différence entre hommes et femmes (l'autre : la grossesse) — différences qui ne sont donc pas très nombreuses. Une femme ne peut pas pénétrer un homme avec sa chair. Mais elle souhaite (souvent) ardemment de l'être. Tu as déjà essayé de décrire cet appel de ton corps à être foré, fouaillé, ce délice d'être envahie. Ton désir : de ressentir cette fusion dont les ondes se propagent de vos ventres à vos crânes, cette joie de la communion si singulière des corps-esprits.

77

Il t'est donc souvent arrivé de regretter ne pas pouvoir pénétrer le corps d'un homme désiré. Sur la peau, jamais dessous, tu restes à distance et toutes tes caresses n'en peuvent mais. Tu aimes le baiser en ce qu'il est modeste (mais enivrante) tentative de te glisser en l'autre, de franchir la barrière des épidermes.

78

Tu crois que la pénétration est non pas une expérience parmi d'autres mais au contraire un événement capital de la vie du corps-esprit. Hormis le baiser, qui la suggère, rien ne ressemble à cette situation inouïe où un corps s'immisce dans un autre, où l'on accepte et demande cette intrusion dans l'intime, et dont il résulte des sensations-sentiments à nuls autres pareils. Parmi toutes les postures et tous les partages, celle-ci, stupéfiante, archaïque et fondatrice. La pénétration éveille des échos dans l'imaginaire que tu ne sais pas décrire mais qui mériteraient de l'être.

79

Beloizo dit : « Ce membre que j'ai glissé en toi, est-il encore mien ? Cette chair qui palpite autour de lui, est-elle tienne ? Nous ne savons plus ce qui appartient à l'un ou à l'autre et nous croyons sentir une unique émotion. »

En soi, hors de soi, où est ta peau ? Où est la

mienne ? Qui caresse ? Est caressé ? Qui est dans qui et l'envahit ? La nature si délicate des organes sexuels, foyers de sensations profondes qui engagent puissamment le corps-esprit, explique peut-être que dans l'étreinte certains hommes disent parfois se sentir *pénétrés*.

80

Qui de nous deux ressent ce que je sens ?

81

Beauté de ce geste qui n'existe qu'avec un autre. Fête de l'altérité.

82

Il y a la grammaire de l'étreinte, limitée, tôt apprise, répétitive, universelle. Et il y a la rencontre singulière avec un être et les infimes variations de vos corps qui s'unissent — langue de mystères qui ouvre à la possibilité de la merveille. Par ce terme (*meraviglia*), les Italiens du XVe siècle désignaient le plaisir qui naît de l'étonnement et de l'admiration que provoque la lecture d'un poème lorsque celui-ci éveille plus de sens et d'émotion que le poète ne paraît en avoir écrit. Grâce à ce mot, tu peux exprimer la singularité du désir, qui emporte ton plaisir beaucoup plus haut que les éléments qui composent une étreinte ne semblaient le permettre. Car tu ne sais pas dire pourquoi cet homme, ces gestes, provoquent cet état de ravissement.

83

Les signes du désir sont moins immédiatement évidents pour les femmes qui ne connaissent pas les dérangements vestimentaires de l'érection. Parfois tu dois t'arrêter sous un porche ou dans un escalier, pour vérifier avec tes doigts ce que tu devinais : de lui avoir parlé, ou d'avoir pensé à lui, provoque une petite inondation entre tes cuisses. Quelquefois, tu l'informes par deux messages, d'abord de ton soupçon, puis de la vérification de tes sucs répandus.

84

Il arrive aussi que, l'ayant quitté depuis un petit moment, tu tiennes à l'informer, sans bien savoir pourquoi, de l'épanchement tardif de sa liqueur dans ta culotte. Peut-être une manière de dire : « Ton corps est encore là, en moi. » Ou bien une façon de souligner une complicité secrète bien que tu sois de nouveau immergée dans le vaste monde.

85

Ton désir a investi les objets les plus courants. D'espérer chaque fois si ardemment que c'est lui qui t'appelle fait battre ton cœur dès que tu entends la sonnerie du téléphone, et de même, le grelot qui indique l'arrivée d'un message écrit ou d'une image provoque en toi une petite commotion. Sur l'ordinateur, tes yeux cherchent d'abord son nom dans la liste des courriels. Tu sais qu'ensuite il faudra du temps pour que ces bruits, ces écrans retrouvent leur banalité, redeviennent simplement utiles et se dépouillent de l'affect qui les avait accompagnés du temps de ton désir. Pendant une période (convalescence), tu regretteras qu'allumer l'ordinateur ne recèle plus aucune promesse, ne puisse plus provoquer cette attente joyeuse.

86

En basse continue, accompagnant la joie, ce savoir : que le désir pourrait n'être pas. Il y a une forme de grâce dans le sentiment-sensation qui t'a saisie, car tu aurais pu traverser la ville, la vie, repliée en toi-même, corps-esprit tranquille. Cette jubilation aurait pu n'avoir pas lieu. Tu en éprouves de la gratitude envers l'homme désiré et envers l'existence.

87

Aussi, en basse continue, le savoir intime de sa finitude. À travers le désir, tu vis en raccourci cette expérience capitale de l'humaine condition : la conscience que tu es mortelle. Tu le désires passionnément, c'est-à-dire que ton être est entièrement accaparé par cette ardente rencontre qui ne laisse aucun espace vacant en toi, et pourtant tu n'ignores pas qu'un tel désir finira. Il s'épuisera. Tu en as le cœur secrètement étreint.

88

Tu regardes le printemps défiler par la fenêtre du train, tapis doux des champs, montée de la sève, vert tendre des premières feuilles, parfois le jaune vif d'un carré de colza comme une suprême coquetterie agricole... Spectacle poignant. La lumière te donne envie d'aimer (êtres photosensibles nous sommes) et tu sais, d'une conscience aiguë, le temps compté. Le désir est comme la fleur de cerisier.

89

Tu entends souvent des femmes déclarer (peut-être les hommes le disent-ils aussi mais tu recueilles moins souvent leur confidence), qu'elles ont quitté un homme parce qu'elles ne se sentaient plus *vivantes*. C'est cette expression si fréquente, *se sentir vivante*, qui te frappe. Elle confirme que le désir ne se réduit pas à une concupiscence charnelle mais qu'il est expérience métaphysique, celle d'une façon d'être au monde élargie, amplifiée, anoblie. Quand on le perd, le sentiment d'être en vie diminue, on ressent par anticipation ce que doit être (tu l'imagines et l'espères) l'humeur des personnes très âgées, n'ayant plus assez de désir de vivre pour vivre, ayant usé la masse d'énergie qui nous constitue à la naissance, au point qu'elles souhaitent alors se fondre dans le lent delta de leur existence — le fleuve personnel rejoignant la vaste mer du tout.

90

Et pourtant. Aujourd'hui tu te demandes par quel miracle on pourrait arriver à la grande vieillesse sans éprouver le regret de tout ce qu'on n'a pas vécu. Comment pourrait-on avoir l'impression d'en avoir eu *assez* ? Quelle probabilité de ne pas ressentir de la nostalgie ?

Tu ne le sais pas. Le sauras bien assez tôt.

91

Désir et mélancolie : comme le recto et le verso d'une feuille, inséparables.

92

Parfois, mi-inquiet mi-amusé, Beloizo te murmure : « Respire », car tout à l'écoute des sensations qu'il fait naître en toi, tu étais entrée en apnée. Ouf !

93

Tu vois les êtres comme des creusets où bouillonnent également désir et mélancolie. Lorsque le feu est vif (la vie chaude, intense), le désir recouvre toute la surface du récipient. Lorsqu'il est tiède (la vie morne), la mélancolie remonte et le désir glisse au fond. Vivre avec sagesse ne consiste-t-il pas à créer les conditions (thermiques) de la joie ?

94

La mélancolie : celle du survivant et du mortel.

95

Tu ne peux t'empêcher d'éprouver de la crainte (oh, discrète, cachée dans un coin de ta conscience) devant la fugacité du désir sensuel : au bout de quelque temps, tu redoutes de le voir s'évanouir. Cette crainte ressemble à l'inquiétude qui nous saisit face à la finitude. Nous sommes mortels, comment l'admettre ? Le désir cessera, comment l'accepter ? Tu crois qu'en un fulgurant raccourci le désir nous fait vivre l'expérience de la précarité humaine, qu'il est simplement plus intense, et plus bref. Nous désirons — nous vivons — cela finira. Cœur étreint.

96

Tu aimes les richesses de sens contenues dans le terme grec de *kairos*. L'un d'eux désigne un moment dérobé au flux de l'existence ordinaire, moment exquis où la vie se concentre, plus belle, plus forte, mémorable. Autre manière d'approcher l'effusion érotique. La double nature du désir tient à ce qu'il est kairos, qui combat le temps, et expérience intime de la précarité (il s'enfuira). Ainsi de notre condition en général, nous, capables de créer la possibilité d'une échappée belle mais ne perdant jamais conscience de la finitude.

97

Parfois tu voudrais lire ces fragments au Beloizo. Mais si tu le faisais, tu serais obligée de prononcer ces mots : « *Quand il sera passé…* » — comment évoquer devant lui la fugacité du désir ? Obscénité, comme d'un cadavre à la table du festin.

98

Mieux tu parviens à comprendre cette équivalence entre le désir et l'existence (l'un comme l'expérience accélérée de l'autre), mieux tu t'expliques le léger dédain dans lequel tu as toujours tenu le plaisir par rapport au désir. Le plaisir, phénomène délicieux et recommandable, te rend joyeuse mais te donne moins le sentiment d'être vivante, et surtout mortelle. Le plaisir ne te rend pas pensive.

99

Mais pourquoi accorder cette primauté à la pensée, et à la pensée mélancolique ? Pourquoi serait-il bon d'être pensive ? Ne touches-tu pas ici à ton idiosyncrasie — donc sans valeur universalisable ? (Parfois tu redoutes même de transformer insidieusement cet essai sur le désir en essai sur la mélancolie...)

Si tu tentes de te rendre raison de cette étrange disposition : tu crois que la réjouissante expérience du plaisir, assez facile à obtenir et à renouveler (là tu exagères : tu sais bien que le plaisir féminin est une affaire plus aléatoire que tu ne l'avances — bon, mais disons que tu parles du plaisir en général), l'expérience du plaisir, comportant une dimension mécanique, ou prévisible, moins liée à autrui, te renvoie moins sûrement à ton humanité. Tandis que le désir est toujours adressé. Illustration (elle aussi très exagérée — tant pis) : ta chatte ronronne de plaisir en mangeant ses croquettes, mais elle ne désire jamais un chat en particulier et hors saison. Parce qu'il est toujours adressé à tel autre (qu'il *élit*), le désir sensuel est le propre de l'homme.

100

Voilà, tu approches une idée précieuse que tu peux formuler ainsi : *le désir est ce qui nous relie*. D'où ta *religion* du désir, car tu aimes passionnément ce qui nous relie : tu y trouves la source de tes plus grandes souffrances comme de tes plus hautes joies. (Ne l'avais-tu pas déjà écrit plus haut ? Oui, mais tu y es revenue par un autre chemin de pensée.)

101

Tu jouis. Verbe intransitif. Tu es seule dans ta phrase.

Tu le désires. Transitif. Autrui s'y love.

102

Grande époque de consumérisme sexuel, la nôtre. Tu le désapprouves. Non qu'il faille, comme en d'autres temps (presque tous) réfréner notre désir. Au contraire. Mais consommer n'a pas tant de rapport avec le désir qu'avec le plaisir, et encore s'agit-il d'un plaisir médiocre. La grande idée des libéraux-libertaires : faire l'amour, ce n'est pas grave, ce n'est pas grand-chose, activité ordinaire, parmi d'autres (*troc des orgasmes*, disent même certains). Ainsi annulent-ils, sous couvert d'émancipation, la formidable déflagration que constitue chaque surgissement du désir dans nos vies. Le désir est grave, et grâce — non pas anodin ou une chose parmi d'autres, il est surrection de l'être, cri jeté à la face de la mort, rencontre et reconnaissance de l'altérité, hommage. Je me contente de prendre mon plaisir avec toi : je te fais objet. Je te désire : je te fais roi.

103

Au nom du désir tu vois mal comment accepter la prostitution. Libre à celles qui, librement, la pratiquent, de s'y livrer. Mais du fait de la nature merveilleuse-horrifique des organes et des gestes sexuels, tu dis que prendre une verge dans sa bouche au bord du périphérique n'équivaut pas à rendre la monnaie à une caisse de supermarché. Tu peux consentir à faire un geste de travail idiot ou fatigant, mais tu dois éteindre en toi cent préventions, cent dégoûts, tu dois oublier ce qu'étreindre veut dire, cette beauté, pour monnayer ton corps. Quand tu accomplis des travaux de terrassier, tu ne *mimes* aucune situation qui engagerait ton corps-esprit : tu travailles, voilà tout. Quand tu abandonnes ton corps au client, que tu lui rends des « services sexuels », tu interprètes le mime grotesque d'une situation capitale de l'existence, et c'est d'ailleurs pourquoi souvent ce client te méprise, de te connaître si démunie que tu doives te résoudre à être la marionnette du désir.

104

Ton désir est toujours déraisonnable. Qu'y faire ? Lorsqu'il doit s'absenter pour voyager tu lui écris : *S'il te plaît ne pars pas si longtemps. Une semaine, je m'efforçais de l'apprivoiser, mais trois sont au-delà de mes forces. Ne pars pas si longtemps. Si tu veux, je serai ton Afrique, tous tes animaux, tes lions, tes antilopes, ton ciel de feu, tes rochers brûlants, ta montagne royale, tes serpents silencieux, ta pluie bienfaisante, tes ravines perdues, tes pierres d'anciens volcans, tes peintures secrètes, tes galops, tes sueurs, tes fatigues et tes repos. Je serai ton Afrique.*

105

Dans le grand désir, tu éprouves toutes les formes de l'absence. Et le manque se ressent vite — à la moindre absence.

106

Il faudrait décrire précisément la courbe de la joie dans l'absence, ses fléchissements au plus fort de l'éloignement, puis la remontée, quand vous savez devoir vous retrouver bientôt, cette folie en lui, de lui, en toi, ce sourire qui s'affiche sur ton visage, ces moments de repli, yeux tournés vers toi-même donc vers lui, cette sorte d'autorisation qu'à travers vos mots très crus vous donnez soudain au désir parce que vous êtes sûrs de le satisfaire bientôt (il te comblera), même si oui, tu sais que vous aurez le sentiment d'avoir tout oublié des gestes de l'amour et que pourtant vous serez, comme la première fois, dansant avec un naturel inouï.

107

Parfois, parce qu'il était tes animaux sauvages, dans le secret tu appelais un homme *Kenya*.

108

Un jour que tu devais rejoindre un amant désiré (tu te trouvais sur une île), pour passer quarante-huit heures avec lui, le temps a été si mauvais qu'aucun bateau ne partait. Tu peux mobiliser des ressources insoupçonnées lorsque ton désir est menacé par les circonstances : tu as réussi aussitôt à trouver un petit avion privé pour franchir la mer qui vous séparait. Le pilote amateur, enchanté d'avoir une raison de voler, ne t'a réclamé que le prix de l'essence. Ce souvenir te ravit toujours : tu te reconnais bien dans cette extrême et soudaine efficacité qui te permet de trouver un avion pour ton désir.

109

Dans le lit. L'après-midi glisse entre paroles, rires, frottements des corps nus, étreintes, baisers. Temps perdu. Tu penses à deux vers simples de Roberto Juarroz : *Aujourd'hui je n'ai rien fait / Mais quelque chose s'est fait en moi*. La lumière qui perce le rideau annonce le printemps.

110

Nous n'avons que nos pauvres corps à offrir. Beaux ou laids, jeunes ou vieux, peu importe : chacun n'a de toute façon que cette chair, ce visage et ce squelette pour l'accompagner, n'a que ce corps-ci à proposer au désir d'autrui. Parfois tu regardes les passants et le spectacle te serre le cœur. Difficile à exprimer : le pathétique et la fragilité qui émanent de chacun — chacun si précaire quelle que soit sa dot, et passionnément préoccupé d'une si transitoire apparence.

111

Séduction : tu en as souvent fait la critique. Critique du calcul. Dédain de persuader. Non que tu ne veuilles jamais plaire : tu veux séduire sans le chercher, par ce que tu es — affaire de dosage entre le naturel et l'artifice. Tu crois que la séduction doit être une prise de risque : je suis ainsi, exactement ainsi — te plais-je ? Roulette russe. Risque majeur d'être refusé, repoussé, mais merveille si l'on plaît. Alors, sous le chaud regard accueillant, on s'ébroue, en sympathie avec soi-même. Le désir de l'autre nous rend aimable à nos propres yeux. Pourquoi ? Peut-être parce qu'alors nous n'avons plus besoin d'insuffler de l'amour en nous-mêmes, un autre s'en charge, nous permettant de nous sentir plus léger, désencombré de soi — délié.

112

Non qu'il faille renoncer à l'artifice. Si loin qu'on remonte dans le temps, on voit les humains parer leur corps. Car l'apparence exprime l'intime, le donne à voir, manifeste au-dehors une personnalité et, en même temps, rend hommage à autrui (je m'apprête *pour toi*), lui signifiant qu'il existe et qu'on souhaite l'honorer par ces soins. Peut-être aussi, en n'y entrant pas dépenaillé, célèbre-t-on chaque matin l'univers.

113

Une des choses injustes : l'inégalité des sexes dans le désir a laissé la charge de l'entreprise de séduction active reposer sur les seuls hommes. Ils l'ont bien cherché ? Sans doute, mais à présent que nous revendiquons l'égalité, il faudra apprendre à partager ce risque. Se proposer (renoncer à la vieille commodité : « L'homme propose, la femme dispose »), faire les pas et les suggestions et — aïe ! — accepter d'être repoussée.

114

Méchante ou sotte celle qui répond avec dédain au regard désirant qu'un passant porte sur elle (pourvu qu'il ne soit ni vulgaire ni brutal). Tu regrettes que depuis toujours on nous ait seulement appris à baisser les yeux devant l'amoureuse attention. Un jour, nous regarderons les hommes avec les mêmes yeux conquérants et humides. Pour l'instant, soyons bonnes envers ceux qui prennent le risque d'avouer leur désir (et de se voir repoussés) et ayons gratitude d'être ainsi honorées.

115

D'autant que : le désir est désirable.

116

Aussi : Beloizo prétend qu'une femme exprimant sa joie peut en devenir soudain désirable. Que la joie rend désirable.

Par association, tu penses au plaisir du rire, incompréhensible si l'on y songe vraiment, pourquoi aimons-nous tant rire, pourquoi ?

117

À la conscience du corps et de ses effets séducteurs, tu opposes le corps comme conscience, noyau des perceptions et foyer d'émanations involontaires que l'autre saisira — ou pas — pour de mystérieuses raisons. Tu aimes cette histoire vraie, si révélatrice :

Un couple ne s'entend plus et chacun projette une séparation. En attendant, l'homme va fureter sur le Net pour tenter de nouvelles rencontres. Il se met à correspondre avec une femme qui lui plaît infiniment : ce qu'elle dit d'elle, ses goûts, son esprit, tout l'enchante. Rendez-vous est pris. Quand elle arrive, il découvre que c'est… sa femme.

Que croyez-vous qu'ils firent ? Se quittèrent sur-le-champ, car les corps ne voulaient plus l'un de l'autre. Il y avait là une vérité plus profonde que celle des goûts et des esprits. L'aura manquait. Le désir n'y était plus.

118

Le corps assure une *réelle présence*. Par exemple tu pensais en être arrivée là, ici, ainsi, et tu avais l'intention de le quitter, de le lui dire, tu avais pensé tout cela, précisément, en détail, et tu étais pleine de raisons, croyant que tu y voyais clair car clair était ton esprit. Et puis il est venu, et en sa présence, une autre vérité s'est déployée qui t'a surprise, plus intime, plus profonde, plus irrémédiable. Tu voulais le serrer dans tes bras. Tu le désirais toujours.

119

Les détails. Plus les années passent et plus tu aimes les hommes en détail. Tu t'émeus d'une épaule, un ventre te bouleverse, un téton t'affola. Dans ta jeunesse, crois-tu, ton désir était plus confus, plus global. Pourquoi ce retard dans l'acuité amoureuse ? Tu as l'impression que toute l'éducation des femmes les incite à être les objets du désir masculin, jamais à désirer le corps des hommes. Les omniprésentes images n'offrent-elles pas à la convoitise générale les seuls corps féminins ? (*Générale* : la plupart des femmes, soumises elles aussi à la pression des images, comprennent précisément, et ressentent, ce qu'est une femme désirable). Comme toujours avec l'inégalité, les hommes perdent beaucoup à cette asymétrie dans la formation du désir : ils ne sont pas assez désirés, pas assez bien, pas en détail.

Mais ça change. Et quand les filles auront appris à vous aimer par le menu, messieurs, comme elles vous fêteront mieux encore ! Quel plaisir vous en éprouverez !

120

Sur les murs, des affiches annonçant un film sur l'amnésie et le grand amour. Immédiatement, par association, tu te demandes : si l'on oublie tout, le corps, lui, se souvient-il ? Si tu devenais brutalement amnésique (pour de bon), ton corps s'émouvrait-il en face d'un homme ardemment désiré du temps de ta mémoire ? Mais s'agit-il du seul *corps* ? Posant le problème imaginaire de la mémoire, qui ne concerne (peut-être) que l'esprit, tu te demandes : ce qui en soi désire (le corps-esprit) se souviendrait-il, au-delà de l'amnésie ?

Certains aphasiques ne parlent plus et peuvent cependant chanter les paroles de longues chansons sans se tromper. La parole chantée n'est plus tout à fait une parole, une autre aire du cerveau que celle du langage la commande. Le désir vit-il en nous comme le chant ?

121

Tu chéris cette image du désir dans un roman de John Cowper Powys, *Wolf Solent* : Wolf part se promener dans les champs avec Gerda, une belle jeune fille qu'il désire. Mais voici qu'elle disparaît et le héros s'agace de ce jeu d'enfant, puis trompe son attente en imaginant que, nouvelle Daphné, elle s'est transformée en être végétal. Il entend alors un chant de merle d'une exquise beauté et s'abandonne à l'ivresse de ces notes très pures par lesquelles il communie avec la nature environnante. Soudain, et la révélation le bouleverse, il comprend que ce chant qui semblait l'émanation du lieu même est celui de Gerda. Beauté et féminité passées dans la voix, désir concentré dans un sifflement gracieux : Beloizelle...

122

Repos. Les corps sont enlacés dans le soleil qui perce la fenêtre, lumière d'été, atemporelle. Tu crois avoir vécu cet instant cent fois, il se noie parmi tous les enlacements de ton histoire, n'est presque plus personnel : tu as l'impression que vous êtes les personnages d'un tableau classique, « Embrassement dans le soleil » — un Poussin sensuel.

123

Beloizo, quand tu lui livres tes réflexions sur les vertus comparées du désir et du plaisir, prétend que l'extrême bonté du plaisir tient à sa nature *im-médiate* : alors que le désir suppose un lien mais aussi une distance (ce qui expliquerait sa dimension mélancolique), le plaisir, lui, s'efforce de mettre fin à la séparation, de la confondre dans cette fusion des corps qui est plénitude et satisfaction. Il ajoute que cette *immédiateté* explique sans doute que le souvenir des moments d'amour charnel soit si fragile et s'efface.

Cette idée de conscience malheureuse du désir est justement ce que tu contestes. Pourquoi la séparation serait-elle triste ? Quel enfantin fantasme d'une unité originaire ? On peut aussi penser cette séparation comme la promesse faramineuse de l'élection à venir (toi et toi seul) et du lien (tu seras mon très proche). Elle n'est pas malheureuse.

124

Regard subjectif. De même que l'amour t'a toujours semblé exaltation de l'indulgence même — en cela bon et recommandable —, le désir excuse et fait chérir les petits défauts du corps de l'autre. Cette lèvre trop fine ou ces dents irrégulières acquièrent un charme à tout autre supérieur et, d'appartenir à l'homme désiré, deviennent un trait infiniment précieux.

125

Le grand désir est aussi bienveillance, au sens le plus radical : tu sens que parfois tu peux choisir le Beloizo contre toi-même. Il inclut aussi bien l'attirance sensuelle et le jeu charnel que le sentiment d'amour et l'excitation intellectuelle. En plus de sa valeur altruiste (tourné vers l'autre et par lui commandé), il est moment d'intensification de la joie de vivre, sentiment accru de l'existence et du monde, sortie du soi borné, défi lancé à la mort. Pour tout cela, tu le considères comme une valeur philosophique : façon d'être au monde qui exalte notre humanité.

126

Parfois tu es bouleversée qu'au-delà du désir charnel, du plaisir, tu aies senti, dans les gestes de Beloizo, ce que tu ne peux qualifier que d'un mot : l'*éloquence*. Lorsque tu y repenses, tu ne retrouves rien qui expliquerait cette impression — pourtant tu as parfaitement perçu l'éloquence de son étreinte.

Le corps signifie aussi clairement que les mots.

127

As-tu déjà écrit comme tu aimais sa liberté, aussi ? Sa manière de chercher l'ajusture, paisible autant qu'ardente, d'avoir confiance dans les corps et les gestes — les tiens, les siens —, d'être prêt à toutes les inventions. Ici comme ailleurs, comme toujours, liberté chérie.

(*Ajusture,* mieux qu'ajustement, dit le travail du forgeron qui cherche à donner une légère concavité au fer à cheval pour l'adapter au pied de l'animal. Métal et corne, se caressant cependant.)

128

Il suffit que votre conversation porte sur des sujets liés à la sensualité pour que la belle queue de Beloizo s'érige. Tu l'interroges : le résultat serait-il le même si la discussion se déroulait avec Bernard ou Lucien ? Non, l'érection naît, affirme-t-il, de la conjonction des mots et de ta présence. Tu aimes que le verbe ait ce pouvoir de réveiller instantanément son désir, et qu'il vive donc, penses-tu, dans cette disposition permanente. Idée qui éveille ton propre désir. Car le désir est désirable.

129

Tu te rappelles cette phrase troublante lue dans *Nedjma*, de Kateb Yacine, quand tu avais dix-sept ou dix-huit ans : « L'étreinte fut si forte que Nedjma en pleura. » Oui. Inexplicable sanglot qui monte à ta gorge quand la jouissance a été bouleversante, que tu t'es sentie intimement *atteinte* par l'homme. Beauté absolue de cette intimité : tu peux me toucher, je ne suis pas seule dans l'immensité.

130

Beloizo t'enlace, ton chemisier est ouvert, tu as gardé ton large collier — mais rien d'autre sur le corps. Il dit qu'alors, parce qu'à moitié nue, tu es plus nue que nue.

131

Vous aimez les baisers lascifs, très humides, pénétrants, vos langues qui viennent se chercher, qui explorent l'intérieur des joues, qui caressent les gencives, qui s'exhibent et se montrent nues. Nues ? Oui, certains baisers sont tout à fait indécents.

132

Dans l'étreinte vous êtes parfois saisis d'une envie de brûlure et vous cherchez l'obscénité. Tu ne peux pas expliquer où et comment vous la trouvez — parfum de l'air que vous inspirez, gestes, mots et postures indécents (vous le paraissant), quelque chose entre vous a changé de tonalité et vous voici deux loups, se pourléchant et se mordant, riant à belles dents, mains et lèvres sauvages.

133

Dans le désir on se sent nu, nu au dedans. Par l'abandon.
Nu intérieur.

134

Sortant de ses bras tu marches dans la ville, sourire aux lèvres. Cette joie du désir et de l'étreinte, comme enlevée sur l'inconsistance du monde et du temps : oui, tu as l'impression d'avoir volé quelque chose à la mort.

135

Le désir suscite une belle curiosité, la même que celle à l'œuvre dans l'amitié, quand tu te réjouis de faire une nouvelle connaissance, goûtant en elle la promesse d'un monde inconnu et mystérieux. Mais, plus vaste que l'amitié, le désir provoque un engagement sentimental, intellectuel et aussi sensuel, c'est-à-dire un engagement de tout ton corps-esprit. Et cette curiosité amoureuse durera, peut-être pas une vie entière, mais tant que l'autre renouvellera ton étonnement par sa capacité de réinvention de lui-même... et tant que son corps-esprit ne te sera pas trop familier.

136

Tu ne sais pas répondre à cette question : la nouveauté, qui te paraît un ingrédient fondamental de l'attrait sensuel, est-elle si importante ? Retrouver un corps depuis longtemps aimé, connu, familier, un corps qui chante quand on le veut, comme on le veut, n'est-ce pas suprême délice ? Ne te rappelles-tu pas cette amie qui te disait qu'en vingt ans d'étreintes, jamais l'une ne fut semblable aux précédentes ?

Mais un désir sans curiosité est-il aussi vif qu'un désir neuf ?

Tu te dis (mais tu ne veux rien affirmer, après tout tu ne parles que de toi), tu te dis que si la fiction met en scène exclusivement (tu connais deux ou trois exceptions qui confirment cette règle) l'amour nouveau, la rencontre, n'est-ce pas que c'est là le moment le plus intense d'une existence amoureuse ? Cette joie du désir inespéré, de… mais tu as décrit tout cela dans les premières pages, cette joie, n'est-elle pas la plus haute ? Tu ne sais.

137

Tu t'amuses. Tu remarques pour la première fois que ton dictionnaire en ligne te demande opportunément : « Choisissez le mot désiré puis validez. » Alors tu choisis le mot « *Désiré* » et tu valides. En guise de définition de ce « *Part. passé et adj.* », on te propose en A : « [En parlant d'une chose] Qui est l'objet d'une aspiration de l'âme, du cœur, de l'esprit », tandis qu'en B on indique : « [En parlant d'une pers.] Qui est l'objet d'un désir amoureux, charnel. »

138

Le fragment 137 n'avait de valeur que dilatoire : tu ralentis avant d'aborder une question cruciale et difficile, celle de l'amour auquel depuis le début tu associes le désir. Lance-toi.

139

Dans la Maison Amour, il y a plusieurs chambres — mais un unique lit. Seul terrain de la jalousie d'ailleurs. Sans doute parce que, se sentant si plein(e) de l'autre, si entièrement tendu(e) vers lui, on ne saurait envisager que la situation ne soit pas réciproque. Tu ne crois pas qu'il s'agisse là d'une volonté de possession : mais l'intensité du désir se dit par l'exclusive attention portée au Beloizo, et qu'il partage le sien entre plusieurs femmes signifierait qu'il ne te désire pas (plus) tant. L'amour, lui, connaît un autre régime, car notre cœur est assez grand pour en abriter simultanément de multiples formes.

140

Bien sûr, tu peux imaginer qu'on conteste ce que tu viens d'écrire. Tu es peut-être, quoique inconstante, monogame, quand d'autres seraient polygames. Toi, tu as toujours préféré l'intensité à la multiplicité, mais tu sais que ce n'est qu'un goût parmi d'autres possibles. Une chose que tu n'ignores pas : que de toute façon tu ne peux prétendre parler du désir en général et que mille formes du désir ont cours. Dans *L'érotisme*, Robert Desnos remarque : « L'érotique est une science individuelle. Chacun en résout à sa mesure les questions secondaires et n'est d'accord avec ses pareils que pour constater l'insolubilité des questions éternelles. » Tu espères quand même éclairer des points d'accord, énoncer quelques vérités partagées.

141

Tu aimes, dans l'intimité, écouter les gens parler sincèrement de leur vie amoureuse. Tu constates cette chose fondamentale : d'un côté, toutes nos représentations de l'amour, du désir et du couple. De l'autre, la réalité concrètement vécue. Les deux ne se recoupent pas. De cette incontestable disjonction entre les représentations et les faits, tu conclus à l'existence d'une période de crise et de transition.

142

L'homme est un animal aimant. Si l'amour, contrairement à ce que racontent les romans et les chansons, n'est pas pour lui un horizon, il est cependant la fondation sur laquelle il édifie son existence. Il manifeste la conversion du regard qui cesse de se porter vers soi pour se tourner vers un autre. L'enfant croit longtemps que sa mère et lui ne forment qu'un. L'amoureux aime l'autre parce que et en tant qu'il est autre.

143

Nous sommes les héritiers de la psychanalyse qui nous a appris à ne plus considérer le désir comme tabou, ce que si longtemps il fut — grâce à elle nous savons qu'il est force et énergie vitale, et nous l'avons si bien assimilé que pas un magazine féminin ne manque une occasion d'explorer comment le susciter, le conserver ou le revigorer. Car l'expérience la plus commune nous révèle aussi que le désir charnel s'use avec le temps… Or, en même temps que ceux de Freud, nous sommes les enfants de Tristan et Iseult : nous pensons que nous faisons couple pour toujours, que s'aimer et se désirer un jour, c'est avoir bu le filtre magique qui nous rend à jamais inséparables. Alors comment concilier l'amour dans la durée et le désir ?

144

Ici tu demandes : Et si désir était le nouveau nom de l'amour ?

Explique-toi.

Mais ce sera un peu… historique.

Tant pis.

145

La manière et les raisons pour lesquelles les êtres forment couple se transforment. Le mariage (ou plus généralement l'union, qui inclut de nos jours PACS et concubinage) est une institution sociale, à ce titre soumise à des évolutions puisqu'elle résulte chaque fois d'un moment historique qui commande une façon particulière de comprendre la famille (la filiation), la sexualité, la femme et l'homme. En bref : avant le XIXe siècle, on procédait à des mariages arrangés, visant à préserver les patrimoines et à constituer des lignées homogènes. À partir du XIXe siècle, pour un certain nombre de raisons qui ont été bien étudiées aujourd'hui, les unions ont obéi à la logique de ce que les sociologues qualifient d'« amour romantique » : la condition et la légitimité de l'union viennent de l'amour qu'on se porte mutuellement… mutuellement et pour toujours. Les intérêts patrimoniaux passent alors au second plan : le mariage arrangé devient même une faute morale, un témoignage de la mesquinerie bourgeoise. Dans ces deux cas de figure, mariage arrangé ou mariage d'amour, le désir sensuel ne jouait presque aucun rôle : on le trouvait généralement ailleurs que dans le mariage. Aux amants et maîtresses quasi officiels, dans l'aristocratie de l'Ancien Régime, se sont substitués, du temps de l'amour romantique, les aménagements multiples (mais obéissant au principe du « double modèle » : le commerce charnel était réservé aux hommes — la dame était forcément fidèle puisqu'il fallait préserver la lignée, et d'ailleurs, les choses du sexe ne l'intéressaient pas, assurait-on).

146

Tu sais que nous sommes héritiers d'une très ancienne culture qui valorise l'amour perpétuel. Tu te rappelles les deux grands mythes fondateurs de cette conception. Celui des androgynes, développé dans le *Banquet*, dans lequel Platon raconte qu'au commencement des temps, les êtres humains portaient les deux sexes à la fois. Ayant provoqué la colère des dieux, ils furent punis par Zeus qui les sépara en deux moitiés, formant les êtres humains actuels, hommes et femmes distincts. Depuis cette séparation cruelle, ceux-ci n'ont de cesse de retrouver leur moitié perdue, ce qui explique le phénomène de l'amour : il est retrouvaille de l'être spécifique dont on a été séparé. C'est pourquoi ce ne peut être que lui et pas un autre qui éveille notre sentiment, et pour toujours.

Dans l'autre grand mythe de l'amour, *Tristan et Iseult*, le philtre magique, élaboré par la mère d'Iseult afin d'assurer l'amour de sa fille pour son promis, le roi Marc, et malencontreusement bu avec Tristan, est la raison de la permanence. Le philtre n'explique pas seulement l'amour violent qui unit les amants mais encore sa constance.

147

Et aujourd'hui ? Aujourd'hui les divorces seront bientôt aussi nombreux que les mariages, les séparations aussi fréquentes que les unions. Le vieux modèle, le « pour toujours », est de plus en plus souvent contrarié par la réalité des faits, mais il domine encore dans nos esprits et nos espoirs, profondément enraciné. Ce n'est pourtant pas la norme de tous nos liens affectifs : par exemple, quand nous entrons en amitié, la question de son interruption ne nous vient guère à l'esprit, et nous ne parlons pas de permanence — non que nous ne la souhaitions pas, si nous y pensons, mais justement nous n'y pensons pas, ce n'est pas une bonne question.

Et si l'amour qui permet de faire couple était en train de changer de nature ? Si le désir, celui que tu évoques depuis le début de ce livre, était le nouveau nom de l'amour qui réconcilie le corps et l'esprit ?

148

Car c'est ici que nous nous trouvons, dans ce qui est peut-être une troisième époque de la conception du lien amoureux : le grand désir, exaltation de toutes les dimensions de l'être, sensuelle, intellectuelle et sentimentale, est devenu la nouvelle forme de l'amour. Tant qu'il n'était considéré que comme une attirance charnelle, on disposait de deux réponses : la répression ou le libertinage, ce dernier suffisant à son déploiement. Mais s'il est engagement du corps-esprit, s'il est assomption de l'altérité, alors... alors nous sommes bien embarrassés. Car la composante sensuelle du désir s'amenuise, voire s'épuise avec le temps. Usure du désir charnel et pérennité du sentiment : c'est ici un problème sérieux.

149

Les magazines féminins et les sexologues de tout poil ne cessent d'expliquer comment relancer un désir qui s'est usé — ce que, si nous sommes honnêtes, nous savons tous être impossible : désir mort ne revivra jamais durablement, et du reste, qu'il se dissipe n'est pas une maladie qui se guérirait mais sa condition naturelle. Ce mensonge ou déni témoigne des incertitudes liées à une période de transition : on tente de concilier la nouvelle promotion du désir et la vieille représentation du couple qui devrait à tout prix durer...

150

Toi, tu imagines que demain nous ferons couple autrement, dans un engagement *provisoire*, admettant qu'une séparation n'est pas un échec et que vivre plusieurs liens au long de son existence est une respiration naturelle de la vie amoureuse. Peut-être même perdrons-nous l'habitude de vivre obligatoirement sous le même toit, adoptant des modes de vie plus souples, plus inventifs... Qui sait ? Alors amour et désir charnel ne feront qu'un... plusieurs fois.

151

Toi aussi, encore tiraillée entre les deux conceptions de l'amour, tu comprends intimement l'Adolphe de Benjamin Constant lorsqu'il déclare : « Malheur à l'homme qui, dans les premiers moments d'une liaison d'amour, ne croit pas que cette liaison doit être éternelle ! Malheur à qui, dans les bras de la maîtresse qu'il vient d'obtenir, conserve une funeste prescience, et prévoit qu'il pourra s'en détacher ! » Si intensité est le maître mot de l'amour, comment conjuguer ce savoir (l'intensité tombera) et la joie du désir à l'époque de l'amour vif ?

152

Tu n'ignores pas la puissance de cette formule amoureuse, *Je t'aime pour toujours*, mais tu sais aussi que ce mot, *toujours*, n'exprime pas la permanence. Il dit l'énergie de ton sentiment en ce jour, si vive que tu crois qu'il ne pourra jamais cesser, si délicieuse que tu souhaites le voir durer ta vie entière, si joyeuse qu'il contrarie la conscience de la mort. *Toujours* signifie la négation du temps, le pur présent de la joie : dans l'ordre du sentiment, il n'exprime pas la durée mais l'intensité.

153

Époque de transition, écrivais-tu. Car tu imagines que, sous la poussée de cette forme nouvelle de l'amour qui s'impose dans les faits, nos représentations vont finir par changer (ne sont-elles pas toujours à la remorque de la réalité ?), et ce sera une révolution mentale non moins importante que celle qui rendit un jour impensable le mariage de raison.

154

Si, comme il est indéniable, nous portons cependant tous un souhait d'amour au long cours, de compagnonnage, de paix affective, pas moins puissant que notre désir d'intensité et d'ardeur, tu te demandes s'il n'y a vraiment que le couple qui puisse l'exaucer. Lorsque nous avons aimé-désiré quelqu'un un jour, cet amour n'a pas de raison de s'abolir. Et si la séparation, devenue naturelle, n'était plus une arène de combats, l'amour, sous sa dimension tendre et affectueuse que les Grecs nommaient Philia, pourrait durer toute une vie. Ceux que nous avons aimés deviendraient nos meilleurs amis... Rien n'empêcherait d'ailleurs certains couples de demeurer ensemble une vie entière. Mais ce ne serait plus une norme.

155

Te revient ce tableau de Poussin, *Les Bergers d'Arcadie*. On y voit quatre bergers déchiffrant l'inscription qui figure sur une tombe, *Et in Arcadia ego* : dans l'Arcadie, contrée heureuse qui pour les anciens Grecs symbolisait l'Âge d'or, la Mort agit aussi. Moi aussi je suis ici, dit-elle, signifiant : Même ici, sur cette terre enchanteresse, je règne. *Memento mori*. Et tu te demandes si « l'amour pour toujours » n'était pas une illusion protectrice, une sorte de déni de la finitude, de cette finitude qui n'épargne pas même le bonheur, et que nous rappelle la locution latine. *Et in Amore ego*. Même l'amour, comme la vie, finira. Nous préférerions l'ignorer.

156

Fleur de cerisier. Tu penses à cette belle et nostalgique notion que les Japonais désignent par *mono no aware*, le sentiment de l'impermanence des choses. Ils évoquent aussi le *hakanai*, mot très ancien, toujours associé à la condition humaine et constitué de deux éléments : celui qui désigne l'homme et celui qui désigne le songe.

Peut-être l'absence de tels concepts dans notre

pensée courante témoigne-t-elle de notre réticence à envisager la finitude. Pourtant, en garder conscience aiguë nous inciterait sans doute à rechercher l'incandescence.

157

Une nouvelle conception de l'amour, qui en assume l'impermanence.

158

Nous deviendrons des polygames lents.

159

Bon. Peut-être. Mais reviens à la réalité des phénomènes. Colle à nouveau à cette peau, à cette parole, à ton désir.

Si tu en reviens à la réalité des phénomènes, tu dois te montrer modeste et admettre que tu ne comprends rien de rien au désir — pourquoi ce corps, cet homme, et pas celui-ci ? Ou celui-là ? Pourquoi pareil émoi en ce baiser ? Tu butes sans cesse sur la question. Aucune raison n'est suffisante pour expliquer le charme — et sa disparition. Pourquoi le désir se pose-t-il sur Beloizo ? Pourquoi s'enfuira-t-il ? Pour renaître ailleurs, phénix. Mais quand même ?

160

Tu ne sais ce qui est le plus étonnant : le charme ou son absence ? Tu peux trouver des raisons à ton désir (Beloizo n'est-il pas beau, intelligent et séduisant ?), tu n'en trouves pas à ton non-désir. Pourquoi cet autre homme, merveilleux en tout point, te laisse-t-il de marbre ? Tu l'ignores mais ton corps-esprit est formel, les mille petites griffes du désir qui te relient à Beloizo ne s'accrochent pas à celui-ci.

161

Vous avez mis de la musique pendant que vous dînez et buvez (trop, boire trop, chérir l'ivresse), puis soudain vous êtes debout et vous dansez. Corps enlacés, déhanchements, frottements, souffles partagés, odeur des sueurs, vêtements qui tombent à vos pieds — vous dansez encore, à moitié nus. Allant vers l'étreinte.

162

Accordance. Tu connais une manière de faire l'amour sans le faire : le tango. Bien plus que dans les autres danses de couple s'y figure l'étreinte. Écoute, attention et ardeur sont nécessaires pour répondre aux subtiles invitations du *tanguero*. Tout ton corps est tendu vers les signes, les souffles, les pressions de la main, les vagues mouvements du buste (celui-ci proche, collé au tien), du bassin et des jambes (ceux-là lointains, sans contact direct mais que tu entends pourtant), tout ton corps-esprit à l'affût perçoit les vibrations du corps du danseur et les interprète, pour inventer à deux une petite œuvre éphémère — la danse que vous aurez réalisée sur la piste. Quelle autre situation de l'existence exige-t-elle des corps-esprits si mêlés et si intelligents, si subtilement conjoints qu'ils fabriquent une sorte de récit, articulé mais sans signification, dont le plaisir est l'unique visée ? L'étreinte.

163

Comme dans l'amour, dans le tango les hommes sont amenés à prendre de considérables responsabilités — guider, éviter les écueils dans la salle de bal encombrée, ouvrir la possibilité régulière de ta propre expression —, toujours ce revers de l'asymétrie qui implique pour eux tant de charges... Tu aimes que, beaucoup plus que dans n'importe quelle autre danse, tu ne puisses danser celle-ci sans tendre infiniment l'oreille vers ton danseur, et vice versa. Parfois tu crois même avoir saisi non son geste mais son intention. Comme l'étreinte et elle seule, le tango demande une absolue connivence physique et psychique entre les partenaires, et la grâce surgit lorsque cet accord s'obtient sans effort.

164

Tu t'amuses de cette résurgence d'une institution qui avait disparu depuis le milieu du XXe siècle, le bal (appelé dans ce cas *milonga*). Le principe en est le renouvellement permanent et organisé des partenaires : des cellules de trois à cinq morceaux se succèdent (les *tandas*), à l'issue desquelles on change généralement de cavalier. Tu y vois une forme de libre-échangisme régulé et courtois. Ainsi, alors que le bal traditionnel avait longtemps été le lieu des rencontres qui préludaient au mariage, on pourrait à présent considérer la *milonga* soit comme l'occasion fantasmatique d'une orgie ritualisée, soit comme le mime de la vie amoureuse contemporaine (ou à venir), constituée d'une succession de partenaires.

165

Tu crois qu'après une disparition de quelques décennies le tango se répand sur la planète à la vitesse du feu parce que cette danse ritualise et isole ce geste intensément troublant, simple et délicieux, puissant pourtant : l'enlacement. L'*abrazo* crée un cercle enchanté et fugace qui nous permet de nous prendre dans les bras, de sentir nos poitrines et nos souffles accordés, et puis… adieu, je n'ai même pas su ton nom…

166

Dans la *milonga*, tu aimes observer les visages des danseuses aux yeux clos où flotte souvent un sourire qui évoque la jouissance, et même une extase.

167

Autre danse, contemporaine. Tu assistes au solo d'un jeune homme (un homme jeune), et son corps est tellement beau que tu souffres intensément. Chacun de ses mouvements t'atteint. Tu ne t'expliques pas ta douleur mais elle est violente.

Donc tu réfléchis (ta manière d'accuser les coups, en général). Le désires-tu ? Pas que tu saches. Tu désires rarement un homme sur sa seule apparence et de plus celui-ci est plutôt antipathique (tu l'as entendu avant le spectacle : trop manifestement satisfait de lui-même). Pourtant tu pressens que cette douleur n'est pas sans lien avec le désir. Voyons. Si tu le désirais, tu regretterais certes de ne pas le tenir dans tes bras, mais tu crois que ce « débouché » lui-même constituerait un exutoire : c'est peut-être de ne se concrétiser dans aucun désir précis qui rend ton admiration douloureuse. Tu te demandes si dans la même situation un homme ne désirerait pas simplement *prendre* la femme, et ce désir, ce serait *au moins ça*. Vertu de la concupiscence ?

Tu le contemples peut-être avec mélancolie : toujours le cœur serré devant les corps, beaux comme laids. Pire devant les beaux : ils faneront, double perte — de la jeunesse et de la beauté — qui les rend encore plus pathétiques. Et puis : ne te projettes-tu pas déjà dans le temps où ce jeune homme te sera absolument inaccessible ? La mélancolie est souvent une anticipation.

168

Extrême concentration de l'attention, tu traverses le monde et le temps avec Beloizo en bandoulière. En toute chose tu es moins efficace car soudain devenue monomaniaque, reconnais-tu. Te revient le sens ancien de *mania* : folie. Chez les Grecs, à la fois *démence* et *folle passion*. Tu le comprends très bien. Tu as l'air d'être normale, tu ne l'es pas. Maniaque, avec ce que le vocable contient d'exaltation (secrète).

169

Cette remarque, relevée dans l'exquis *Mariage parfait* : « Tout amoureux peut être considéré à un certain point de vue comme un déséquilibré, dont l'être entier n'aspire qu'à un seul but, et dont l'horizon est particulièrement limité. » Oui oui.

170

Ce déséquilibré, on pourrait le dire passionné. Et soudain tu te demandes si tu as une seule fois utilisé le mot de *passion*. Non. Pourquoi ? Mot piège. Tu dois préciser ce que tu y entends. Souvent on considère qu'il désigne une étape de l'amour, celle des débuts. Mot un peu triste alors, il exprime la puissance du désir, fatalement vouée à se dissiper. Toi, tu t'intéresses à cet autre sens, qui en fait un amour-désir furieux et surtout aveugle. Cette passion se pose sur un être qui passait, pas forcément notre genre (Odette, pour Swann) mais « possible », et qui, requérant toute notre attention, nous évite de penser à... autre chose : ce que tu nommes la fonction dérivative de la passion. Souvent elle survient, si l'on y songe bien, dans les époques dangereuses de notre existence, quand « ça va mal », et elle représente la fougueuse irruption d'Éros luttant contre Thanatos. À partir d'une vague accroche, elle se développe comme une folie pure dont l'avantage est de reléguer à l'arrière-plan de la conscience tout ce qui, avant elle, nous mettait en danger. Tu n'y vois pas de véritable amour, qui exige l'élection d'un être et de lui seul, pour ce que lui seul est. La passion n'est pas altruiste (tournée vers l'autre), elle est narcissique (tournée vers la conservation de soi). Son bénéfice tient à ce qu'elle occupe tout l'espace mental (ne penser qu'à ça, l'avoir dans la peau), et surtout elle est affirmation véhémente du désir vital contre les forces mortifères. Ce que dit vraiment le passionné : non pas *Je t'aime*, mais *Je ne mourrai pas*.

171

Mais tu veux bien de ce mot pour dire l'exaltation de vivre, la merveille d'être vivant, la vibration que tu sens chez ceux pour qui rien n'est sans valeur, oui, chez ceux qui savent s'émerveiller. Tu comprends son usage chez la chère Émilie du Châtelet, car il vaut son pesant d'or (du temps) : « On n'est heureux que par des goûts et des passions satisfaits ; je dis des goûts, parce qu'on n'est pas toujours assez heureux pour avoir des passions, et qu'au défaut des passions, il faut bien se contenter des goûts. Ce serait donc des passions qu'il faudrait demander à Dieu, si on osait lui demander quelque chose... », écrit-elle dans son *Discours sur le bonheur*.

Et même chez Georges Bataille, moins nocturne qu'à l'accoutumée : « On me tient pour l'ennemi du bonheur. C'est juste, si par "bonheur" on entend le contraire de la passion. Mais si le bonheur est une réponse à l'appel du désir et si le désir est le caprice même, alors le bonheur seul est la valeur morale. »

172

Un jour de tes années vingtièmes, un amant t'a dit, en te serrant dans ses bras : « Mais qui t'a donc appris cette ardeur ? » Tu as encore sa phrase en tête parce que tu te souviens d'un étonnement double. D'abord parce que tu as trouvé absurde l'idée que l'ardeur s'apprenne. Et surtout parce que soudain les autres femmes, dont tu ne sauras jamais vraiment comment elles sont dans un lit, venaient, par cette comparaison implicite, de faire irruption dans le tien, et cela t'indiquait ce que tu savais fort bien du côté masculin sans y avoir vraiment pensé pour les femmes, que chacun(e) s'engage très différemment dans l'étreinte, qu'à chacun(e) son style. Tu t'étais dit, en substance : « C'est donc ainsi que les autres vivent, agissent, sentent ? » — principe de ta curiosité d'écrivain.

173

Te prenant toi-même comme sujet de l'expérience, non pas synthétisant ce qu'est pour tout humain le désir mais ce qu'il est pour toi, témoignage partiel mais peut-être significatif malgré tout (ce vieil espoir que ton étroite singularité puisse, quand même, conduire à l'universel), tu es obligée de remarquer cette particularité : que tu n'évoques jamais le fait d'*être désirée*. Tu as une bonne amie qui, les fois où elle te parle d'une rencontre amoureuse, te dit aussitôt, un accent joyeux dans la voix, *Il me désire*. Ce commentaire ne te viendrait pas à l'esprit. Toi, tu dirais avec émerveillement *Je le désire*. Ce n'est évidemment pas que tu te sentirais si désirable que la question ne se poserait jamais. Serait-ce alors dû au fait que dans la journée tu ne te regardes jamais dans les miroirs ? Ton image de toi-même est trop intériorisée pour que tu penses au regard d'autrui — celui qu'on cherche dans les miroirs. Si on te dit belle, tu le crois, si on te dit passable, aussi : tu sais que la beauté ne réside pas tant en toi-même que dans le regard que l'autre porte sur toi. Non, si tu t'émerveilles de le désirer, c'est que tu fais ainsi la double expérience de l'altérité (l'autre existe pour toi avec cette force), et de la conscience aiguë d'être en vie. Il m'atteint, et je suis vivante, ô joie !

174

Ce que tu sais avec assurance : si jamais tu penses qu'il ne te désire pas (parce qu'il a déjà joui par exemple, et que son désir le presse moins), ton propre désir tombe, comme une marionnette inerte. Tu as absolument besoin de la connivence. Toujours danser ensemble.

175

Réciprocité. Parfois tu te représentes votre désir comme un objet précieux que vous vous échangez sans cesse, les mains devant vous à hauteur du visage, et il faut en chacun de vous même intensité pour que le talisman circule et brille. (Plutôt que talisman : symbole, en ce que *symbolon* désigne un objet coupé en deux parties complémentaires.)

176

Un moment (les prémices), tu découvres ton désir avec joie (sa main entre tes cuisses te révèle une onctuosité). Un peu plus tard, tu as joui et tu éprouves comme un éblouissement, et aussi de la reconnaissance. Tu le dis. Beloizo s'en amuse : « Tu es toute surprise, ce n'est pourtant pas la première fois… » Ce n'est ni la première fois ni si rare, pourtant tu t'en étonnes vraiment, chaque fois. C'est qu'il ne s'agit pas exactement d'étonnement mais d'émerveillement. La sensualité n'a jamais cessé de te donner le sentiment de la merveille.

177

Pour ceci que danser l'étreinte ressemble à s'avancer dans la forêt enchantée de Brocéliande, tu écris ce petit éloge que tu veux grand.

178

Tu aimes l'amour dans la nature, la sensation de l'air sur la peau augmente ton désir (tu ne sais pourquoi). Tu penses que la contemplation de la beauté simple qui t'entoure pourrait l'accroître encore mais tu ne peux garder les yeux ouverts car il faut te concentrer sur les sensations pour qu'elles se déploient dans tout ton corps-esprit.

179

Tu aimes l'amour sur les laisses, ces immenses bandes de sable que la marée découvre pour quelques heures, et la présence de la mer où scintillent les éclats de soleil augmente ton désir (tu ne sais pourquoi). Tu penses que la contemplation, etc.

180

Tu ne crois pas à la *simplicité* de la beauté naturelle. Tu admires dans les paysages les plus simples la splendeur du monde qui nous avait été donné (et que nous abîmons), et tu aimes l'amour dans la nature parce que alors se redouble ton sentiment d'émerveillement. Profusion.

181

Parfois — la plupart du temps — tu as l'impression que seul Beloizo est capable d'éveiller ce puissant désir en toi, qu'il en est l'origine ; d'autres fois tu ressens avec acuité l'existence d'un mouvement qui réside en toi indépendamment de tout Beloizo, mais beaucoup plus que le simple appétit sensuel, comme un soulèvement tectonique, une force d'éruption — mouvement qui t'entraîne, aussi, vers Beloizo. Ces fois, instants fugaces où tu perds la connaissance de l'objet de ton désir, tu en perds aussi le sujet : tu ne te perçois plus comme une personne distincte mais comme le creuset de ce bouillonnement de vie pure.

182

Tu connais ces moments où, au-delà de l'envie du plaisir, tu éprouves le besoin de sentir un autre corps contre toi. Peut-être même, dit Beloizo, est-ce ce qui attire certaines fois un client vers une prostituée, cette chaleur d'un humain fugitivement approché. Cependant tu ne peux qualifier cette envie que de solipsiste : émanée de toi, elle se contente de t'y reconduire instantanément au terme de son déploiement. D'une nature différente est le désir dont tu parles, électif et altruiste.

183

Notion fourre-tout : tu ne crois presque pas à l'existence de la *libido*, terme commode et vague par lequel on désigne communément le désir, en faisant mine de croire qu'il résulte de déterminations hormonales ou psychiques (la libido freudienne comme pure énergie vitale et originelle). Utilisé dans le discours courant, il te paraît aussi fumeux que les « humeurs » invoquées par la médecine ancienne pour expliquer la santé ou le tempérament. Il permet en outre de supprimer l'autre dans son discours (« *ma* libido »), cet autre qui domine pourtant dans le désir (« mon élan vers Beloizo »).

Bien sûr, dans les situations de manque, ton corps connaît ce que tu veux bien nommer pulsion et qui précède toute rencontre singulière. Mais le désir, toujours adressé (même vaguement), relève de l'activité du néocortex, il est mouvement psychique complexe fondé sur la reconnaissance de l'altérité et la mise en œuvre de l'inventivité et du jeu — trois caractères des activités humaines supérieures.

184

Aucune pulsion, nulle libido et pas le moindre « manque » n'expliqueront jamais que tu souhaites étreindre Beloizo trois fois par jour (au moins). En revanche, de nombreuses choses en lui, dans son corps-esprit, rendent ton désir un peu plus clair à tes yeux (un peu). L'excès du désir, comme son exclusivité (Beloizo et nul autre), révèle qu'il est délié du besoin — ce qu'on pourrait nommer sa « gratuité », ou, paradoxalement, sa liberté.

185

Aujourd'hui, manie d'époque, on se gargarise de biologie : on pense souvent, comme à la fin du XIXe siècle, quand naissait la science moderne, qu'il existerait un « instinct de reproduction » qui permet d'affirmer que l'activité sexuelle a pour but véritable la perpétuation de l'espèce, finalité — s'en rend-on bien compte ? — qui rend toute pratique autre que la copulation hétérosexuelle perverse ou déviante. Or, depuis la fin du XXe siècle, des scientifiques tendent à prouver que l'influence des hormones et phéromones sur le comportement sexuel, maximale chez les rongeurs et autres petites bêtes, a faibli au cours de l'évolution des mammifères supérieurs. Autrement dit, plus le cerveau se développe, moins l'instinct commande l'activité sexuelle. C'est pourquoi, dans les neurosciences telles qu'elles se développent depuis le début du XXIe siècle, certains proposent un nouveau modèle en lieu et place de l'ancien « comportement de reproduction ». D'après ce modèle, qualifié de « comportement érotique », l'activité sexuelle serait liée au plaisir, et la reproduction ne serait qu'une conséquence indirecte, en second lieu, de l'érotisme.

186

Contre ces croyances bientôt démodées dans le primat du biologique (instinct, hormones ou gènes), nous pourrions admettre ce qu'une intuition puissante suggère aux amants avant toute lecture des dernières revues scientifiques : qu'aucune fonction « utile » à l'espèce n'explique la multiplicité des pratiques autres que le coït vaginal ; que si nous faisions l'amour pour nous reproduire, nous nous contenterions d'aboutir le plus vite possible à l'éjaculation, comme les souris ; que la culture, rendue possible par le développement des capacités cognitives, joue un rôle capital dans le développement de la sexualité humaine ; qu'enfin, pour le redire en une formule, le néocortex est prépondérant dans l'érotisme qui est, à certains égards, l'un des témoignages les plus frappants de notre liberté fondamentale.

187

Par parenthèse, tu rechignes aussi devant ce vocable, *sexualité*. De même que le *décès* n'existe que pour l'état civil et le médecin légiste (dans la réalité, les hommes ne rencontrent que la mort), la *sexualité* doit être réservée au cabinet du sexologue et au laboratoire du biologiste : dans la vie, les hommes ne connaissent que l'érotisme.

188

La culture. Mario Vargas Llosa écrit : « L'érotisme est fantaisie et théâtre, sublimation de l'instinct sexuel dans une fête dont les protagonistes sont les obscurs fantômes du désir que l'imagination anime. [...] Il s'agit d'un jeu hautement civilisé, auquel n'accèdent que les cultures anciennes qui sont parvenues à un niveau de développement élevé » (*La vérité par le mensonge*).

Toi, tu crois même que l'érotisme ne désigne pas seulement un jeu raffiné mais qu'il est le seul terme qui puisse décrire convenablement la manière humaine de faire l'amour, si simple soit-elle parfois.

189

Certains philosophes, parmi les plus sérieux (vraiment ?), évoquent, à propos de la sexualité (comme ils disent, donc), notre *animalité*. Comme c'est bête ! Et démodé : l'idée vient de ce temps où l'on ignorait que la psyché n'était pas seulement constituée de rationalité, et où, pour désigner tout ce qui n'était pas la raison cartésienne, libre et volontaire, on supposait en nous une part d'animalité, celle que l'activité sexuelle, par exemple, aurait mise en jeu. Que le désir et le plaisir nous débordent, excèdent notre activité raisonnable, voilà qui est sûr. Mais ce n'est pas l'animal qui surgit dans le désir, c'est l'homme, libre (mais, cette fois, au sens où fort peu de lois biologiques sont inscrites en lui qui le contraindraient) et sophistiqué (un merveilleux cerveau constitué de milliards de synapses, et de nouvelles se créant sans cesse).

190

Bien sûr, le Moi n'est pas le maître dans sa maison. Ce qui ne fait pas de sa maison une ménagerie pour autant.

Supposer en nous de l'animalité, n'est-ce pas justifier qu'on cherche à domestiquer notre sauvagerie ?

191

Une belle sauvagerie sera l'ordinaire de nos jours fastueux.

192

Du reste, tu crois que *sexualité* est l'une de ces notions fourre-tout qui empêchent de penser. Qu'entend-on sous ce vocable ? Le désir ? Le plaisir ? Les pratiques sexuelles diverses ? L'érotisme (comme pratiques et comme représentations) ? La pulsion ? Les sentiments ? Les fantasmes ? Presque tout ça. Autant dire que lorsqu'on parle de *sexualité*, on croit qu'on sait ce qu'on désigne (eh bien oui, se dit-on, la sexualité : des images-idées s'éveillent en chacun), et l'on s'en tient généralement à... de confuses généralités. Aucune chance de comprendre quelque chose à ce magma intuitif.

Toi, sagement (mais oui !), tu t'attaches à comprendre le désir, et aussi l'amour. C'est déjà beaucoup.

193

Beloizo dit que la nature commande aux hommes de jouir tout de suite et que seul l'art permet de durer.

194

L'érotisme, si par ce terme l'on entend un ensemble de pratiques plus et moins sophistiquées vouées au plaisir mutuel des corps-esprits, est lié au *délai*. Entre le premier geste amoureux et la fin de l'étreinte que marquera généralement la jouissance masculine (ou l'épuisement féminin), dans le délai ouvert à l'imagination et au désir, chacun sera conduit à inventer caresses et pratiques — et pour chaque étreinte à nouveaux frais. Parvenu(e) à un certain degré de raffinement, l'amant(e) développera son ouïe amoureuse, sa capacité d'entendre les désirs et les suggestions implicites de son partenaire, auxquels il (elle) répondra dans un style qui n'appartient qu'à lui (elle). Jamais deux amants ne sont semblables. De sorte que, paraphrasant Buffon, on peut affirmer que « l'étreinte, c'est l'homme même » (« la femme même »).

195

Je te désire : autrui pénètre ma phrase et sa présence, installant un délai entre mon désir et moi, convoque ma créativité (intuition, style et invention). En ce sens, l'étreinte peut être considérée comme une création pure : s'y fabrique une sorte d'œuvre, vivante et éphémère, qui révèle les individualités dans ce qu'elles sont au plus intime et au plus secret — attention, écoute, maîtrise, élégance, générosité, etc. Création marquée au sceau de la gratuité, l'érotisme ouvre un espace de potlatch, dans lequel, par désir de Beloizo, tu investis et consumes toutes tes forces. Puis elles se reconstituent. Et tu recommences.

196

Merveille de la deuxième personne du singulier. Autour de *te*, de *toi* et de *tu* s'enroule mon désir comme autour du tronc le lierre amoureux. Il arrive aussi, vous étant déclarés roi et reine, que vous usiez d'un *vous* de majesté.

197

Le délai. Tu te rappelles un amant merveilleux, sorte d'apnéiste qui, sans effort et comme en dansant, ne jouissait pas, ou si tardivement que ta propre jouissance n'avait plus de bornes. Et naviguer sur cette mer sans rivages — oui, tu disais mer sans rivages —, avec l'assurance que rien au monde ne marquerait une limite à ton plaisir hormis ton propre épuisement, transformait jusqu'à la nature de ce plaisir. Ce qui se déroulait entre vous n'était pas seulement une abondance de plaisir mais un plaisir d'une qualité différente. De cet homme tu as eu désir fou.

198

Tu aimes à la folie, pourtant, l'instant merveilleux où Beloizo s'abandonne au plaisir que tu lui donnes, ses gémissements troublants, ses spasmes. Tu voudrais que sa jouissance fût chaque fois, pour lui, un événement.

199

Tu lui dis : « Tu me plais, c'est un événement. »

200

Sa vie traverse la tienne comme une mèche enflammée semant le bonheur et une foudre délicate.

201

Inespéré. Mot que tu affectionnes car il exprime exactement le désir comblé. On *espère* avant qu'apparaisse la joie tout en se la figurant, pour s'en délecter ou s'en inquiéter. Mais est *in-espéré* ce qui n'avait jamais été projeté, attendu, représenté. Est l'inespéré l'homme qui survient et nous surprend, qui a visage neuf et imprévu. Inespéré dit que nous aurions pu l'espérer si nous avions su la justesse du désir qu'il ferait lever en nous. Mais nous l'ignorions jusqu'à ce moment de la rencontre. Bouleversante la connivence insue de notre désir et du monde.

202

Qu'est-ce qu'un homme désirable ? Tu ne peux répondre que pour toi. Par exemple, tu n'as jamais été sensible aux garçons-bouchers et voyous en tout genre. Tu comprends leur attrait, cette virilité qui semble exacerbée d'être leur seul mérite, mais tu préfères les hommes intelligents. Car l'intelligence est érotique.

Tu sais les prestiges de la parole qui s'échange, pas seulement les murmures du désir, tous les mots qui circulent et tissent les liens de l'esprit, comme une danse qui vous unit — car vous voulez aussi danser ensemble la pensée.

203

Tu repenses au beau Maori du film de Jane Campion, la *Leçon de piano* : mélange d'homme puissant parce que primitif, mais infiniment délicat, à l'écoute. Entre-deux qui te plaît beaucoup. Pas qu'à toi, crois-tu. Il te semble que la cinéaste a représenté avec justesse une forme partagée et actuelle du désir féminin. Pour l'instant. Car tout change, les signes de genre, masculin, féminin, sont d'abord les éléments d'un jeu de rôle que le temps transforme.

Tu sais l'importance de la distinction des sexes dans la séduction. Mais tu sais aussi que les marques de cette distinction évoluent. Cependant, tu es souvent frappée de constater l'inquiétude que cette question suscite, hommes et femmes redoutant que si elle s'efface, nous perdions tout désir... Au XIXe siècle, le *Grand Larousse* ne prédisait-il pas que si les femmes devenaient médecins ou avocates, l'amour et le désir disparaîtraient ?

Tu ne crains pas l'effacement des signes de genre dont tu as toujours envie de faire remarquer aux inquiets combien ils ont déjà évolué depuis trois siècles (au moins), car ces identités sont fluctuantes et plastiques. Tu crois que ce qui suscite notre désir, c'est que l'autre soit un autre — d'où la possibilité de désirer une personne de même sexe, car elle demeure irrémédiablement *une autre*.

204

Tu as été intéressée par cette version du désir d'un autre âge, dans un roman de Mary Webb (*Gone to Earth*, 1917, traduit par *La renarde*) qui met en scène l'hésitation amoureuse d'une jeune fille libre, rousse et belle comme sa renarde. Bien que la liberté soit profondément inscrite en elle et comme animale, primitive, elle s'éprend, tout en le regrettant, d'un homme sombre qui la viole à demi. Elle le déteste et ne comprend rien à ce qui en lui l'attire, voudrait aimer plutôt l'autre, respectueux, doux et protecteur, qui la veut aussi. Mais cela parle en elle malgré elle, l'appel du chasseur violent — de cette incertitude elle mourra.

Tu imagines qu'aujourd'hui l'exaltation de la liberté féminine ne serait plus formulée ainsi, ou du moins que l'homme désirable ne serait plus ce mâle prédateur mais un Maori délicat, réunissant ces dimensions que le roman de Mary Webb répartit entre deux hommes distincts…

Quant à demain, tu n'en sais rien. Tu ne sais à quoi ressemblera l'homme désirable de demain. Mais désiré il sera.

205

Beloizo déclare que l'homme est une femme comme les autres.

206

Que veut un homme ?

207

Tu ne crois pas à la réponse sommaire qui vient aux lèvres. Tu soupçonnes qu'on ignore, et les hommes peut-être tout autant, ce que veut vraiment un homme. Depuis quarante ans qu'on explore le désir féminin, tu as l'impression qu'on commence à mieux le connaître. Mais le désir masculin ? Ne présente-t-il pas plus de nuances, de fantaisies, de délicatesses que ne le dit la croyance générale ? (Tu files un mauvais coton

— distinction des genres et désir masculin : deux raisons de susciter l'ire de tes lecteur(trice)s, car tu sais combien ces questions fâchent. Tant pis, continue.)

Il te paraît impossible que le désir féminin ayant à ce point changé — enfin reconnu, poursuivi, choyé, ouvrant sur la recherche du plaisir, actif —, le désir masculin soit demeuré identique. Si les hommes ne sont plus, ne souhaitent plus être les prédateurs d'antan, impatients et avides de profiter de toute aubaine, qui vont-ils devenir dans le désir ?

208

Beloizo trouve que, de le croire si certain, les femmes négligent souvent le plaisir des hommes.

Or tu ne peux lui reprocher de négliger celui des femmes.

Il prétend qu'elles imaginent trop facilement que la jouissance finale est leur seul et plus grand souhait.

Que veut un homme ?

209

Tu repenses soudain à cette phrase qui clôt le *Deuxième sexe*, et que souvent l'on entend seulement du côté féminin, lorsque Simone de Beauvoir prédit que, de l'émancipation des femmes naîtra, entre les sexes, non pas l'indifférence mais « des relations charnelles et affectives dont nous n'avons pas idée ».

Nous n'imaginons pas combien l'avenir nous réserve de surprises sensuelles. Le désir masculin ne sera peut-être pas la moins délicieuse et la moins inattendue d'entre elles.

210

Tu ne te lasses jamais de cette petite aventure : tu te tiens devant la porte, prête à partir, déterminée, tandis que vous échangez quelques derniers baisers. Alors Beloizo murmure : « Reste, faisons l'amour. »

D'abord tu résistes. Tu avais d'autres intentions. Ton temps est compté. L'hésitation n'est pas ton fort.

Puis quelque chose cède. Toute la tension liée à tes projets s'effrite, en toi une lente étoile de mer se défait, s'étale, tiède et ondoyante. Soudain ce temps compté te paraît celui de ta vie, et rien n'est plus précieux que la chaleur vivante qui t'envahit. Tu restes. L'étreinte volée est inoubliable.

211

Tu te prends souvent pour une renarde, d'autres fois une louve. Tu aimes ces femelles sauvages et douces et tu lis volontiers les histoires de femmes changées en renardes. Tu as même prétendu un jour que ta jupe dissimulait une épaisse et soyeuse queue rousse... Est-ce pour cela que tu aimes sentir ta nuque saisie et embrassée ?

Le type féminin que tu incarnes disparaîtra sans doute un de ces jours. Pas le désir.

212

Dans l'érotisme, vécu ou représenté, se joue une expérience capitale et, d'une certaine manière, sacrée. Non qu'elle relèverait d'une transcendance — rien de plus magnifiquement humain que cette rencontre avec autrui, ici et maintenant. Mais sacrée au sens où, requérant la totalité du corps-esprit, elle nous entraîne plus haut que nous-mêmes, non seulement par l'oubli de notre vie et de notre personnalité ordinaires, mais encore parce que certains gestes et certains états mentaux nous renvoient à la plus large humanité en nous, ancienne et à venir. Sacrée aussi cette hésitation extrême qui nous vient devant l'érotisme comme devant les organes sexuels : objets horrifiques quand ils ne sont pas désirés ou apparaissent hors de propos, objets merveilleux dans les situations contraires. Sublime-terrifiant : c'est ce tremblement de l'interprétation qui assure la merveille de l'érotisme.

213

Tu crois que le plus récent de nos mythes littéraires, *Dracula,* restitue au plus près ce tremblement, et qu'ainsi s'explique son incessante célébration depuis plus d'un siècle. La nature double du vampire, bestiale et aristocratique, illustre notre ambivalence devant le corps et la passion amoureuse. C'est la même exactement dont témoigne dans de nombreuses cultures l'existence des histoires de belles rencontrant des bêtes. La belle ne voit qu'animal répugnant, gnome vorace ou monstre ignoble dans celui qui, une fois aimé, et seulement alors, se révélera prince. Le prince : l'homme dont le corps, l'intimité et le désir deviennent soudain désirables.

Dracula raconte aussi la peur de la dévoration qui saisit l'amoureux éperdu : l'emprise de l'être aimé est si grande, si absolue, qu'on redoute de renoncer à ce souci de soi qui assurait notre bien-être et notre sécurité. Toutes amarres rompues, nous voici livrés à son bon vouloir. Le sang, c'est-à-dire l'énergie vitale, détournée au profit de l'être désiré... Danger.

214

Tu as souvent observé combien le désir fait peur. Tu aimes ce film, *Eyes Wide Shut*, qui fut généralement fort mal compris, ce qui te paraît une preuve supplémentaire de la justesse du propos de Stanley Kubrick — que nous vivons yeux grands fermés sur le désir. Il y met en scène l'élan qui déborde l'amour et l'excède sans le détruire, et aussi la peur qu'il suscite. Une femme révèle à son mari aimé (aimé il l'est, nous n'en douterons jamais) qu'un jour, un bel officier croisé fugitivement fit lever en elle un si puissant désir que s'il lui avait demandé de tout quitter pour lui, elle l'aurait fait. Qu'est-ce donc que ce désir ? Le film raconte la dérive nocturne du mari qui, voulant dessiller ses yeux, fait plusieurs rencontres où chaque fois le désir avoisine la mort. Femme qui lui déclare sa flamme dans la chambre mortuaire de son père, douce prostituée dont il découvre le lendemain qu'elle a le sida, orgie de noir tendue enfin, où les masques et les gestes miment une cérémonie funèbre.

On a souvent critiqué cette bacchanale dont le sens a la plupart du temps échappé. Que dit-elle si ce n'est justement que partout, et dans le lieu même où le désir est censé se donner libre cours, la peur règne, de sorte qu'il faut ritualiser à l'extrême tous les aspects de ces heures qui auraient dû se vivre sans entraves ? Menace de ce flot prêt à balayer nos existences trop bien réglées, à nous arracher au trop lent défilement des jours. Kubrick montre le désir avoisinant la mort parce qu'il est ce qui se lève contre elle, son principe inverse. Mais c'est dire sa puissance.

215

Quelqu'un te lance, irrité : tu sembles ne pas comprendre que le non-désir est gage de non-frustration, de paix donc, de tranquillité heureuse, de sagesse. À la vieille leçon d'Épicure tu ne peux rien objecter. Chacun son gosier. Par les étroits ne peut cheminer l'incandescence. La vie assoupie te paraît un rêve morne que tu laisses volontiers à tous les Oblomov qui somnolent parmi nous. Oblomov : le héros inventé par Gontcharov, homme de la chambre, qui vit allongé et crie à ses visiteurs de fermer vite la porte car ils font entrer le froid du dehors. Pour toi, l'ataraxie est une image de la mort dans la vie. Il sera toujours temps de respirer doucement, par à-coups parcimonieux, quand nous serons bien vieux.

216

« Je suis et tu n'es, dans les vastes flux des choses, qu'un point d'arrêt favorable au rejaillissement », écrit Georges Bataille quelque part...

217

Grande est ta perplexité devant ces adeptes de l'abstinence, non-pratiquants qui, sans craindre le paradoxe, présentent leur « asexualité » comme une... orientation sexuelle. Tu entends qu'il ne s'agit pas d'une ascèse menant vers d'autres fulgurances mais d'une manière de se débarrasser de la question. Tout est trop difficile aussi ! Désirer, c'est-à-dire faire place royale à autrui et lui devoir sa joie et ses tourments, entrer dans un lien, l'entretenir, supporter les errements du cœur, des sens, les malentendus, les surprises... Tout est trop angoissant. Or il faut de l'énergie pour chevaucher le tigre de l'angoisse. Alors ce choix, dépressif, de l'oblomovisme.

218

« Aussi bien, quel homme préoccupé de l'infini, dans le temps et l'espace, n'a pas construit cette "ÉROTIQUE" dans le secret de son âme ; quel homme soucieux de poésie, inquiet des mystères contingents ou éloignés, n'aime à se retirer dans cette retraite spirituelle où l'amour est à la fois pur et licencieux dans l'absolu ? » (*L'érotisme*). Robert Desnos encore.

219

On dit que lorsqu'on lui demanda à quel âge le désir disparaissait, une princesse Palatine (tu ne sais laquelle) aurait répondu : « Comment puis-je le savoir ? Je n'ai que quatre-vingts ans ! » Ta sœur.

220

Possible aussi que le refus sans nuance du désir résulte d'une forme de dégoût devant l'exhibition sexuelle qui semble avoir saisi notre société tout entière. Impression parfois de n'entendre parler que de *ça* — témoignages détaillés sur la vie sexuelle de chacun, recommandations diverses sur tout ce qui nous est enfin-permis-profitons-en, pornographie omniprésente — toi aussi tu en es blessée. Et toujours ce sinistre « ce n'est pas grave », pas autre chose que la plupart de nos gestes quotidiens, pas si engageant, pas si bouleversant…

221

Refus de la merveille : de même que l'esprit poétique n'est pas donné à tous, qu'on peut passer devant ce bouquet, ce mur d'un gris fascinant, cette haie, cette atmosphère de gare désaffectée, ce ciel nocturne orange qui éclaire si étrangement les immeubles, de même qu'on peut regarder et ne rien voir, on peut ne pas saisir la beauté du désir et son énigme renouvelée.

222

Cette femme, solaire, qui te confie sa rencontre avec un jeune prince arabe, croisé dans un cinéma et sans doute regardé avec un frémissement qu'il aura saisi — main du jeune homme assis à côté d'elle qui caresse son bras, rendez-vous à la sortie, étreinte dans un hôtel voisin, puis étreintes encore, des mois durant —, elle raconte sa délicatesse, sa beauté, elle te dit que le désir est un miracle, c'est son mot, elle qui semble n'en manquer jamais mais le manque n'est pas la question, elle te dit combien on s'y sent *vivante*. Tu dis oui, un miracle : notre attention poétique à la manifestation de la merveille.

223

Tu comprends intimement l'obstination des peintres représentant sans s'en lasser le corps de l'être désiré, celle des poètes qui le chantent et le rechantent : ils cherchent à saisir ce qui les a ravis et que chaque tableau, chaque poème manque — alors recommencer, essayer encore de saisir le vif du vivant.

224

« Dans une seule idée d'un créateur vivent mille nuits d'amour oubliées » (*Lettres à un jeune poète*, R. M. Rilke).

225

Autre notion qui ne t'est jamais nécessaire : la transgression. Tu y reconnais un parfum de faute qui te ramène à l'enfance du désir, quand dans nos sociétés la sexualité demeurait taboue, quand l'esprit était encore tout embrumé de croyances en l'on ne sait quelles tristes lois morales. Dommage, l'étymologie du mot est belle : *passer de l'autre côté, traverser*. Une promesse d'inconnu. Mais nul besoin de soufre : oui, vous franchissez ensemble des limites secrètes puisque vous vous offrez cette nudité aux autres tenue cachée et consentez à vous abandonner comme jamais dans votre existence du dehors. L'intimité, ce qui se passe *entre vous*, est ce qui vous fait sentir combien vous allez au-delà de la vie ordinaire. Et n'est-ce pas ce qui vous éblouit, soudain, cette impudeur, entre vous seuls jouée ? Nulle faute mais un monde de secrets dont les brûlures valent bien celles de l'antique transgression.

226

Aller au-delà de la frontière, se réfugier dans l'univers de la chambre, pour inventer votre intimité.

Si tu écrivais un éloge de l'intimité, tu y vanterais la pudeur, qui permet d'être nu, tu y louerais le secret, quand il isole et unit deux amants, tu évoquerais la plainte de sa jouissance sonnant pour tes seules oreilles et le gémissement qui accompagne la joie d'étreindre, tu décrirais les yeux de qui est éperdu, le sourire de pénombre flottant sur ses lèvres à toi seule destiné...

Quand tous les gestes de l'amour, et ses situations, sans exception, auront perdu toute aura de transgression parce que aucune morale factice ne réglera plus notre vie amoureuse — ce qui est en train d'advenir —, si nous ne gâchons pas son privilège en effaçant la frontière entre le monde et l'alcôve, nous maintiendrons vives les braises ardentes de l'intimité, où se réserve, pour les seuls amants, l'épiphanie des corps-esprits.

Quand tout interdit aura disparu, restera notre tremblement émerveillé devant la nudité.

227

Distance. Tu étais loin de lui. Puis le jour se rapproche où tu le retrouveras et les mots volent, le désir gonfle comme une voile dans ta poitrine. Grelot du téléphone : par son texto il t'annonce qu'il va te prendre, t'assurant que d'être ainsi avertie tu seras doublement prise. Serez-vous tout à l'heure intimidés l'un devant l'autre ? Ou affolés et maladroits dans l'énormité de votre désir ? Mais non, tu sais bien, ni adresse ni maladresse, le désir est toujours parfaitement sûr.

228

Il arrive que tu retournes plusieurs fois à son message. Des mots simples de désir. Pourquoi le relire ? Tu l'as parfaitement compris et tu t'en souviens même assez bien. Mais tu le relis lentement, comme tu ferais rouler un caramel sous ton palais. Tu lui trouves grande consistance. Tu y reviens encore et encore, et impossible d'expliquer le plaisir qui te saisit devant si substantielle matière.

229

As-tu assez dit que, si tu es très persuadée que nos *manières de désirer* sont contingentes, historiques, aléatoires et sans doute changeantes, même à l'échelle d'une existence, le désir, lui, est éternel ? Feu qui nous anime, origine de nos mouvements, fondement de notre curiosité, de nos joies, il constitue le moment le plus intense du sentiment d'exister — mais oui, cela tu l'as déjà écrit. Tu ne sais pas *comment* nous désirerons demain. Mais nous désirerons.

230

Nous marcherons : le bout d'un pied en appui précaire sur le sol, l'autre en l'air, dans cet instant où l'on pourrait chuter, où rien n'est stable ni assuré, et nous serons portés par l'élan qui fait avancer, l'énergie qui nous entraîne, et si tout va bien — ça ira — nous danserons peut-être, et nous aimerons. Nous serons encore vivants. Et le simple fait d'être vivants nous réjouira, d'une joie profonde et grave.

231

Tu gardes souvenir d'une jeune chienne noire qui fonçait au-dessus du maquis, pour le seul plaisir d'actionner ses muscles neufs, si empressée de vivre qu'elle semblait voler, et cette flèche de mica représentait pour toi le désir même.

232

Le désir dure hors la joie, dans la douleur même. Arrive parfois un moment où tu souffres tout le temps. Tu pleures mais ton corps désire encore. Tu cherches comment éloigner cette souffrance. Ne faudrait-il pas renoncer au Beloizo ? Le désir ne s'accompagne pas toujours de liesse. Solaire d'abord, il peut devenir nocturne. Mais demeure. Un temps.

233

Au début tu étais coupe pleine, à ras bord, pleine de l'homme, et donc tu connaissais le bonheur. Puis voici que le désir reflue, et tu le sais parce qu'à présent tu sens que c'est de toi-même que le creuset de ton être se remplit — tu es pleine de toi c'est-à-dire seule, tranquille. En paix. Pas sûr que tu doives seulement t'en réjouir.

234

Il y avait la puissance du désir traçant sa ligne de feu dans le ciel de chaque jour, de chaque nuit. Puis la psychologie envahit progressivement votre dialogue. Surviennent les émotions, les blessures, les amours-propres, les délicatesses. Fatras qu'on connaît par cœur. La psychologie n'envahit-elle pas tout, tout le temps ?

235

Tu pouvais « le penser » tant qu'il restait corps étranger. Autre. À présent tu penses à lui. L'habitude.

236

Un jour il ne traverse plus tes rêveries que de loin en loin et ton corps-esprit ne s'émeut plus — tu t'es déprise. Pourtant, pendant un temps, comme le canard décapité court encore, tu souhaites recevoir ses mots, ses signes, non parce que ce sont les siens mais parce que tu gardes la nostalgie de l'époque où tu vivais dans l'excitation joyeuse qu'ils communiquaient à tes jours.

À présent, dans ce calme nouveau, t'effleure la mélancolie.

237

Ton corps n'éprouve aucun manque, aucune frustration. Qui dort n'a ni faim ni soif. Tu reprends la vie ordinaire, la vie de tous, calme, tranquille — pour ton corps-esprit c'est dimanche, avec sa tristesse légère de jour vacant.

238

Au début de la décrue, quand tu éprouves un regret infini de cette ardeur perdue, tu ne regrettes pas Beloizo mais son empreinte sur tes jours, son emprise. (*Emprise* : ruban de nature qui court sous les lignes à haute tension.) Tu as quitté la vie haute et c'est toute une affaire de t'acclimater à ces nouvelles latitudes, si tempérées.

239

Tu essaies de te raisonner, tu te dis : « Voyons, le désir décroît, est-ce si grave ? Après tout, il reste tant de bonnes choses dans ton existence… » Est-ce si grave ? Ici ton raisonnement cesse. Ce n'est ni plus ni moins grave que d'être en vie. Mourir, est-ce si grave ?

240

Saint Augustin : « Celui qui se perd dans sa passion est moins perdu que celui qui perd sa passion. »

241

L'incandescence ou rien.

242

Tu te souviens de cet ami sicilien qui te disait qu'après l'étreinte il avait besoin de manger l'un de ces délicieux rouleaux de crème et de fruits confits, un *cannollo*, pour conjurer la mélancolie — *post coïtum*, le sentiment de vie s'amoindrit, comme dans la vieillesse, et il faut recourir aux plaisirs élémentaires pour faire durer un peu de joie.

243

Tu l'aimes toujours — comment ne plus aimer qui t'a si merveilleusement animée, qui a coloré tes jours et embrasé ton corps ? — mais il n'a plus ce mystère qui enivrait tes sens, il t'est trop bien connu, devenu un proche et non plus un autre, un *familier* — or on ne fait pas l'amour avec sa famille.

244

Tu caresses distraitement son épaule — comment était-ce donc quand tu pensais n'en jamais venir à bout, quand ton désir couvrait sa poitrine d'un si vaste royaume que tu croyais les fougueuses cavales de tes lèvres et de tes mains incapables de l'explorer en une seule fois ? Heures où la chair était enchantée.

245

Dans cet éloge, tu as voulu évoquer le désir qui précède la psychologie, le désir d'avant les idiosyncrasies, d'avant les humeurs, les histoires singulières, les souvenirs, les souhaits, les choix... Le désir qui nous saisit quand on est roi et reine et qu'on croit que s'étreindre permet d'entrer en communion avec l'univers, de battre de sa vaste palpitation, le désir à peine particulier, plus grand que chacun, plus universel.

246

Cet « infracassable noyau de nuit » (André Breton) au creux de la vie sexuelle, tu l'as nommé Désir. Et tu l'as fracassé en deux cent cinquante fragments nocturnes dont tu aimerais que la somme fasse résonner un chant solaire.

247

Phénix est le désir qui bientôt renaîtra. Un jour tu traverseras de nouveau la ville à toute heure pour retrouver un homme qui saura te faire chanter. Tu le contempleras avec ce sentiment de la merveille, il te dira en riant « Tu me regardes comme un cadeau », tu lui souriras comme à personne. Les mots qu'il te murmurera te feront reine et tu le laisseras ôter ta robe et mordre ta nuque. Vous danserez à demi nus, vous vous étreindrez, et cent messages vous relieront quand vous serez séparés. Demain.

248

Desnos, une dernière fois : « Par les océans tropicaux et les mers boréales, précédé de son étrave invisible, vogue le steamer AMOUR qui renaît sans cesse de ses naufrages. »

249

Un jour cependant, il est possible que le grand désir amoureux déserte à jamais ton cœur et ton corps. Mais tu sens (tu crois) que le désir de vivre (de travailler, d'écrire, de partager la parole avec ceux que tu aimeras), ce désir ne s'éteindra jamais, ou beaucoup plus tard, aux ultimes aurores, quand tu entreras dans le lent delta de ton existence et qu'apaisée, peut-être, par les efforts accomplis, les amitiés fécondes, les joies reçues et données, tu poseras un regard tranquille sur la haie d'aubépine en laissant s'éteindre en toi le souffle — ce souffle d'abord devenu, après tant de belles apnées, régulier, tranquille, puis qui ne laissera plus sa trace de buée sur le miroir tendu devant tes lèvres.

250

…

OUVRAGES CITÉS

GASTON BACHELARD, *La psychanalyse du feu* [1949], Gallimard, « Folio essais », 1985.

SIMONE de BEAUVOIR, *Le deuxième sexe* [1949], Gallimard, « Folio essais », 1986.

ANDRÉ BRETON, Préface à la réédition des *Contes bizarres*, d'Achim von Arnim, Éditions des Cahiers Libres, 1933.

ÉMILIE du CHÂTELET, *Discours sur le bonheur* [1746-47], Rivages poche, 1997.

BENJAMIN CONSTANT, *Adolphe* [1816], in *Adolphe — Le Cahier Rouge — Cécile*, Gallimard, « Folio Classique », 2005.

ROBERT DESNOS, *De l'érotisme* [1923, publié en 1953], Gallimard, « L'Imaginaire », 2013.

LOUISE LABÉ, *Débat de Folie et d'Amour, Élégies. sonnets* [1555], in *Œuvres complètes*, GF-Flammarion, 1993.

MARCEL PROUST, *Les Plaisirs et les Jours*, Gallimard « L'Imaginaire », 1979.

RAINER MARIA RILKE, *Lettres à un jeune poète* [1929], in *Lettres à un jeune poète*, suivi de *Le Poète* et de *Le Jeune Poète*, Gallimard, « Poésie/Gallimard », 1993.

ARTHUR RIMBAUD, « Adieu », *Une saison en enfer* [1873], in *Poésies — Une saison en enfer — Illuminations*, Gallimard, « Folio Classique », 1999.

MARINA TSVETAEVA, *Vivre dans le feu. Confessions* Le livre de poche, 2008.

THEODOR HENDRIK VAN de VELDE, *Le mariage parfait*, 1930, traduit du hollandais, Éditions Montana, Suisse.

KATEB YACINE, *Nedjma* [1956], Le Seuil, « Points Seuil », 2009.

COLLECTION FOLIO 2€

Dernières parutions

4199. Léon Tolstoï — *Le réveillon du jeune tsar* et autres contes
4200. Oscar Wilde — *La Ballade de la geôle de Reading* précédé de *Poèmes*
4273. Cervantès — *La petite gitane*
4274. Collectif — *«Dansons autour du chaudron». Les sorcières dans la littérature*
4275. G.K. Chesterton — *Trois enquêtes du Père Brown*
4276. Francis Scott Fitzgerald — *Une vie parfaite* suivi de *L'accordeur*
4277. Jean Giono — *Prélude de Pan* et autres nouvelles
4278. Katherine Mansfield — *Mariage à la mode* précédé de *La baie*
4279. Pierre Michon — *Vie du père Foucault* suivi de *Vie de George Bandy*
4280. Flannery O'Connor — *Un heureux événement* suivi de *La personne déplacée*
4281. Chantal Pelletier — *Intimités* et autres nouvelles
4282. Léonard de Vinci — *Prophéties* précédé de *Philosophie et d'Aphorismes*
4317. Anonyme — *Ma'rûf le savetier. Un conte des Mille et Une Nuits*
4318. René Depestre — *L'œillet ensorcelé* et autres nouvelles
4319. Henry James — *Le menteur*
4320. Jack London — *La piste des soleils* et autres nouvelles
4321. Jean-Bernard Pouy — *La mauvaise graine* et autres nouvelles
4322. Saint Augustin — *La Création du monde et le Temps* suivi de *Le Ciel et la Terre*
4323. Bruno Schulz — *Le printemps*
4324. Qian Zhongshu — *Pensée fidèle* suivi d'*Inspiration*
4325. Marcel Proust — *L'affaire Lemoine*
4326. Ji Yun — *Des nouvelles de l'au-delà*

4387. Boileau-Narcejac	*Au bois dormant*
4388. Albert Camus	*Été*
4389. Philip K. Dick	*Ce que disent les morts*
4390. Alexandre Dumas	*La dame pâle*
4391. Herman Melville	*Les encantadas, ou îles enchantées*
4392. Mathieu François Pidansat de Mairobert	*Confession d'une jeune fille*
4393. Wang Chong	*De la mort*
4394. Marguerite Yourcenar	*Le Coup de grâce*
4395. Nicolas Gogol	*Une terrible vengeance*
4396. Jane Austen	*Lady Susan*
4441. Honoré de Balzac	*Les dangers de l'inconduite*
4442. Collectif	*1, 2, 3... bonheur! Le bonheur en littérature*
4443. James Crumley	*Tout le monde peut écrire une chanson triste* et autres nouvelles
4444. Fumio Niwa	*L'âge des méchancetés*
4445. William Golding	*L'envoyé extraordinaire*
4446. Pierre Loti	*Les trois dames de la kasbah* suivi de *Suleïma*
4447. Marc Aurèle	*Pensées. Livres I-VI*
4448. Jean Rhys	*À septembre, Petronella* suivi de *Qu'ils appellent ça du jazz*
4449. Gertrude Stein	*La brave Anna*
4450. Voltaire	*Le monde comme il va* et autres contes
4482. Régine Detambel	*Petit éloge de la peau*
4483. Caryl Férey	*Petit éloge de l'excès*
4484. Jean-Marie Laclavetine	*Petit éloge du temps présent*
4485. Richard Millet	*Petit éloge d'un solitaire*
4486. Boualem Sansal	*Petit éloge de la mémoire*
4518. Renée Vivien	*La dame à la louve*
4519. Madame Campan	*Mémoires sur la vie privée de Marie-Antoinette. Extraits*
4520. Madame de Genlis	*La femme auteur*
4521. Elsa Triolet	*Les amants d'Avignon*

4522. George Sand	*Pauline*
4549. Amaru	*La centurie. Poèmes amoureux de l'Inde ancienne*
4550. Collectif	*«Mon cher papa...» Des écrivains et leur père*
4551. Joris-Karl Huysmans	*Sac au dos suivi d'À vau l'eau*
4552. Marc Aurèle	*Pensées. livres VII-XII*
4553. Valery Larbaud	*Mon plus secret conseil...*
4554. Henry Miller	*Lire aux cabinets* précédé d'*Ils étaient vivants et ils m'ont parlé*
4555. Alfred de Musset	*Emmeline* suivi de *Croisilles*
4556. Irène Némirovsky	*Ida* suivi de *La comédie bourgeoise*
4557. Rainer Maria Rilke	*Au fil de la vie. Nouvelles et esquisses*
4558. Edgar Allan Poe	*Petite discussion avec une momie* et autres histoires extraordinaires
4596. Michel Embareck	*Le temps des citrons*
4597. David Shahar	*La moustache du pape* et autres nouvelles
4598. Mark Twain	*Un majestueux fossile littéraire* et autres nouvelles
4618. Stéphane Audeguy	*Petit éloge de la douceur*
4619. Éric Fottorino	*Petit éloge de la bicyclette*
4620. Valentine Goby	*Petit éloge des grandes villes*
4621. Gaëlle Obiégly	*Petit éloge de la jalousie*
4622. Pierre Pelot	*Petit éloge de l'enfance*
4639. Benjamin Constant	*Le cahier rouge*
4640. Carlos Fuentes	*La Desdichada*
4641. Richard Wright	*L'homme qui a vu l'inondation* suivi de *Là-bas, près de la rivière*
4665. Cicéron	*«Le bonheur dépend de l'âme seule». Livre V des «Tusculanes»*
4666. Collectif	*Le pavillon des parfums-réunis* et autres nouvelles chinoises des Ming
4667. Thomas Day	*L'automate de Nuremberg*

4668. Lafcadio Hearn — *Ma première journée en Orient* suivi de *Kizuki, le sanctuaire le plus ancien du Japon*
4669. Simone de Beauvoir — *La femme indépendante*
4670. Rudyard Kipling — *Une vie gaspillée* et autres nouvelles
4671. D.H. Lawrence — *L'épine dans la chair* et autres nouvelles
4672. Luigi Pirandello — *Eau amère* et autres nouvelles
4673. Jules Verne — *Les révoltés de la Bounty* suivi de *Maître Zacharius*
4674. Anne Wiazemsky — *L'île*
4708. Isabelle de Charrière — *Sir Walter Finch et son fils William*
4709. Madame d'Aulnoy — *La princesse Belle Étoile et le prince Chéri*
4710. Isabelle Eberhardt — *Amours nomades. Nouvelles choisies*
4711. Flora Tristan — *Promenades dans Londres. Extraits*
4737. Joseph Conrad — *Le retour*
4738. Roald Dahl — *Le chien de Claude*
4739. Fiodor Dostoïevski — *La femme d'un autre et le mari sous le lit. Une aventure peu ordinaire*
4740. Ernest Hemingway — *La capitale du monde* suivi de *L,heure triomphale de Francis Macomber*
4741. H. P. Lovecraft — *Celui qui chuchotait dans les ténèbres*
4742. Gérard de Nerval — *Pandora* et autres nouvelles
4743. Juan Carlos Onetti — *À une tombe anonyme*
4744. Robert Louis Stevenson — *La chaussée des Merry Men*
4745. Henry David Thoreau — *«Je vivais seul dans les bois»*
4746. Michel Tournier — *L'aire du muguet* précédé de *La jeune fille et la mort*
4781. Collectif — *Sur le zinc. Au café des écrivains*
4782. Francis Scott Fitzgerald — *L'étrange histoire de Benjamin Button* suivi de *La lie du bonheur*
4783. Lao She — *Le nouvel inspecteur* suivi de *le croissant de lune*
4784. Guy de Maupassant — *Apparition* et autres contes de l'étrange
4785. D.A.F. de Sade — *Eugénie de Franval. Nouvelle tragique*

4786. Patrick Amine | *Petit éloge de la colère*
4787. Élisabeth Barillé | *Petit éloge du sensible*
4788. Didier Daeninckx | *Petit éloge des faits divers*
4789. Nathalie Kuperman | *Petit éloge de la haine*
4790. Marcel Proust | *La fin de la jalousie* et autres nouvelles
4839. Julian Barnes | *À jamais* et autres nouvelles
4840. John Cheever | *Une américaine instruite* précédé d'*Adieu, mon frère*
4841. Collectif | *«Que je vous aime, que je t'aime!» Les plus belles déclarations d'amour*
4842. André Gide | *Souvenirs de la cour d'assises*
4843. Jean Giono | *Notes sur l'affaire Dominici* suivi d'*Essai sur le caractère des personnages*
4844. Jean de La Fontaine | *Comment l'esprit vient aux filles* et autres contes libertins
4845. Yukio Mishima | *Papillon* suivi de *La lionne*
4846. John Steinbeck | *Le meurtre* et autres nouvelles
4847. Anton Tchekhov | *Un royaume de femmes* suivi de *De l'amour*
4848. Voltaire | *L'Affaire du chevalier de La Barre* précédé de *L'Affaire Lally*
4875. Marie d'Agoult | *Premières années (1806-1827)*
4876. Madame de Lafayette | *Histoire de la princesse de Montpensier* et autres nouvelles
4877. Madame Riccoboni | *Histoire de M. le marquis de Cressy*
4878. Madame de Sévigné | *«Je vous écris tous les jours...» Premières lettres à sa fille*
4879. Madame de Staël | *Trois nouvelles*
4911. Karen Blixen | *Saison à Copenhague*
4912. Julio Cortázar | *La porte condamnée* et autres nouvelles fantastiques
4913. Mircea Eliade | *Incognito à Buchenwald...* précédé d'*Adieu!...*
4914. Romain Gary | *Les Trésors de la mer Rouge*

4915. Aldous Huxley	*Le jeune Archimède* précédé de *Les Claxton*
4916. Régis Jauffret	*Ce que c'est que l'amour* et autres microfictions
4917. Joseph Kessel	*Une balle perdue*
4918. Lie-tseu	*Sur le destin* et autres textes
4919. Junichirô Tanizaki	*Le pont flottant des songes*
4920. Oscar Wilde	*Le portrait de Mr. W.H.*
4953. Eva Almassy	*Petit éloge des petites filles*
4954. Franz Bartelt	*Petit éloge de la vie de tous les jours*
4955. Roger Caillois	*Noé* et autres textes
4956. Jacques Casanova	*Madame F.* suivi d'*Henriette*
4957. Henry James	*De Grey, histoire romantique*
4958. Patrick Kéchichian	*Petit éloge du catholicisme*
4959. Michel Lermontov	*La princesse Ligovskoï*
4960. Pierre Péju	*L'idiot de Shanghai* et autres nouvelles
4961. Brina Svit	*Petit éloge de la rupture*
4962. John Updike	*Publicité* et autres nouvelles
5010. Anonyme	*Le petit-fils d'Hercule. Un roman libertin*
5011. Marcel Aymé	*La bonne peinture*
5012. Mikhaïl Boulgakov	*J'ai tué* et autres récits
5013. Sir Arthur Conan Doyle	*L'interprète grec* et autres aventures de Sherlock Holmes
5014. Frank Conroy	*Le cas mystérieux de R.* et autres nouvelles
5015. Sir Arthur Conan Doyle	*Une affaire d'identité* et autres aventures de Sherlock Holmes
5016. Cesare Pavese	*Histoire secrète* et autres nouvelles
5017. Graham Swift	*Le sérail* et autres nouvelles
5018. Rabindranath Tagore	*Aux bords du Gange* et autres nouvelles
5019. Émile Zola	*Pour une nuit d'amour* suivi de *L'inondation*
5060. Anonyme	*L'œil du serpent. Contes folkloriques japonais*
5061. Federico García Lorca	*Romancero gitan* suivi de *Chant funèbre pour Ignacio Sanchez Mejias*

5062. Ray Bradbury — *Le meilleur des mondes possibles* et autres nouvelles
5063. Honoré de Balzac — *La Fausse Maîtresse*
5064. Madame Roland — *Enfance*
5065. Jean-Jacques Rousseau — *« En méditant sur les dispositions de mon âme... »* et autres rêveries, suivi de *Mon portrait*
5066. Comtesse de Ségur — *Ourson*
5067. Marguerite de Valois — *Mémoires. Extraits*
5068. Madame de Villeneuve — *La Belle et la Bête*
5069. Louise de Vilmorin — *Sainte-Unefois*
5120. Hans Christian Andersen — *La Vierge des glaces*
5121. Paul Bowles — *L'éducation de Malika*
5122. Collectif — *Au pied du sapin. Contes de Noël*
5123. Vincent Delecroix — *Petit éloge de l'ironie*
5124. Philip K. Dick — *Petit déjeuner au crépuscule* et autres nouvelles
5125. Jean-Baptiste Gendarme — *Petit éloge des voisins*
5126. Bertrand Leclair — *Petit éloge de la paternité*
5127. Alfred de Musset-George sand — *« Ô mon George, ma belle maîtresse... » Lettres*
5128. Grégoire Polet — *Petit éloge de la gourmandise*
5129. Paul Verlaine — *L'Obsesseur précédé d'Histoires comme ça*
5163. Akutagawa Ryûnosuke — *La vie d'un idiot* précédé d'*Engrenage*
5164. Anonyme — *Saga d'Eiríkr le Rouge* suivi de *Saga des Groenlandais*
5165. Antoine Bello — *Go Ganymède!*
5166. Adelbert von Chamisso — *L'étrange histoire de Peter Schlemihl*
5167. Collectif — *L'art du baiser. Les plus beaux baisers de la littérature*
5168. Guy Goffette — *Les derniers planteurs de fumée*
5169. H. P. Lovecraft — L'horreur de Dunwich
5170. Léon Tolstoï — *Le diable*

5184. Alexandre Dumas	*La main droite du sire de Giac* et autres nouvelles
5185. Edith Wharton	*Le miroir suivi de Miss Mary Pask*
5231. Théophile Gautier	*La cafetière* et autres contes fantastiques
5232. Claire Messud	*Les Chasseurs*
5233. Dave Eggers	*Du haut de la montagne, une longue descente*
5234. Gustave Flaubert	*Un parfum à sentir ou Les Baladins* suivi de *Passion et vertu*
5235. Carlos Fuentes	*En bonne compagnie* suivi de *La chatte de ma mère*
5236. Ernest Hemingway	*Une drôle de traversée*
5237. Alona Kimhi	*Journal de berlin*
5238. Lucrèce	*« L'esprit et l'âme se tiennent étroitement unis ». Livre III de « De la nature »*
5239. Kenzaburô Ôé	*Seventeen*
5240. P.G. Wodehouse	*Une partie mixte à trois* et autres nouvelles du green
5290. Jean-Jacques Bernard	*Petit éloge du cinéma d'aujourd'hui*
5291. Jean-Michel Delacomptée	*Petit éloge des amoureux du Silence*
5292. Mathieu Térence	*Petit éloge de la joie*
5293. Vincent Wackenheim	*Petit éloge de la première fois*
5294. Richard Bausch	*Téléphone rose* et autres nouvelles
5295. Collectif	*Ne nous fâchons pas ! ou L'art de se disputer au théâtre*
5296. Robin Robertson	*Fiasco ! Des écrivains en scène*
5297. Miguel de Unamuno	*Des yeux pour voir* et autres contes
5298. Jules Verne	*Une fantaisie du Docteur Ox*
5299. Robert Charles Wilson	*YFL-500* suivi du *Mariage de la dryade*
5347. Honoré de Balzac	*Philosophie de la vie conjugale*
5348. Thomas De Quincey	*Le bras de la vengeance*
5349. Charles Dickens	*L'embranchement de Mugby*
5350. Épictète	*De l'attitude à prendre envers les tyrans*

5351. Marcus Malte — *Mon frère est parti ce matin...*

5352. Vladimir Nabokov — *Natacha* et autres nouvelles

5353. Arthur Conan Doyle — *Un scandale en Bohême* suivi de *Silver Blaze. Deux aventures de Sherlock Holmes*

5354. Jean Rouaud — *Préhistoires*

5355. Mario Soldati — *Le père des orphelins*

5356. Oscar Wilde — *Maximes* et autres textes

5415. Franz Bartelt — *Une sainte fille* et autres nouvelles

5416. Mikhaïl Boulgakov — *Morphine*

5417. Guillermo Cabrera Infante — *Coupable d'avoir dansé le cha-cha-cha*

5418. Collectif — *Jouons avec les mots. Jeux littéraires*

5419. Guy de Maupassant — *Contes au fil de l'eau*

5420. Thomas Hardy — *Les intrus de la Maison Haute* précédé d'un autre conte du Wessex

5421. Mohamed Kacimi — *La confession d'Abraham*

5422. Orhan Pamuk — *Mon père* et autres textes

5423. Jonathan Swift — *Modeste proposition* et autres textes

5424. Sylvain Tesson — *L'éternel retour*

5462. Lewis Carroll — *Misch-Masch* et autres textes de jeunesse

5463. Collectif — *Un voyage érotique. Invitations à l'amour dans la littérature du monde entier*

5464. François de La Rochefoucauld — *Maximes* suivi de *Portrait de La Rochefoucauld par lui-même*

5465. William Faulkner — *Coucher de soleil* et autres Croquis de La Nouvelle-Orléans

5466. Jack Kerouac — *Sur les origines d'une génération* suivi de *Le dernier mot*

5467. Liu Xinwu — *La Cendrillon du canal* suivi de *Poisson à face humaine*

5468. Patrick Pécherot — *Petit éloge des coins de rue*

5469. George Sand — *La château de Pictordu*

5470. Montaigne — *De l'oisiveté* et autres Essais en français moderne

5633. Saul Bellow	*Un futur père* et autres nouvelles
5634. Belinda Cannone	*Petit éloge du désir*
5635. Collectif	*Faites vos jeux ! Les jeux en littérature*
5636. Collectif	*Jouons encore avec les mots. Nouveaux jeux littéraires*
5637. Denis Diderot	*Sur les femmes* et autres textes
5638. Elsa Marpeau	*Petit éloge des brunes*
5639. Edgar Allan Poe	*Le sphinx* et autres contes
5640. Virginia Woolf	*Le quatuor à cordes* et autres nouvelles
5714. Guillaume Apollinaire	*« Mon cher petit Lou ». Lettres à Lou*
5715. Jorge Luis Borges	*Le Sud* et autres fictions
5716. Thérèse d'Avila	*Le Château intérieur. Les trois premières demeures de l'âme*
5717. Chamfort	*Maximes* suivi de *Pensées morales*
5718. Ariane Charton	*Petit éloge de l'héroïsme*
5719. Collectif	*Le goût du zen. Recueil de propos et d'anecdotes*
5720. Collectif	*À vos marques ! Nouvelles sportives*
5721. Olympe De Gouges	*« Femme, réveille-toi ! » Déclaration des droits de la femme et de la citoyenne* et autres écrits
5722. Tristan Garcia	*Le saut de Malmö* et autres nouvelles
5723. Silvina Ocampo	*La musique de la pluie* et autres nouvelles
5758. Anonyme	*Fioretti*
5759. Gandhi	*En guise d'autobiographie*
5760. Leonardo Sciascia	*La tante d'Amérique*
5761. Prosper Mérimée	*La perle de Tolède* et autres nouvelles
5762. Amos Oz	*Chanter* et autres nouvelles
5794. James Joyce	*Un petit nuage* et autres nouvelles
5795. Blaise Cendrars	*L'Amiral*
5796. Collectif	*Pieds nus sur la terre sacrée. Textes rassemblés par T. C. McLuhan*
5797. Ueda Akinari	*La maison dans les roseaux* et autres contes
5798. Alexandre Pouchkine	*Le coup de pistolet* et autres récits de feu Ivan Pétrovitch Bielkine

Composition Nord Compo
Impression Novoprint
à Barcelone, le 14 avril 2015
Dépôt légal : avril 2015
Premier dépôt légal dans la collection : août 2013

ISBN 978-2-07-045329-0./Imprimé en Espagne.

288016